그런 자립은 없다

별도의 표시가 없는 한 교육공동체 벗이 생산한 저작물은 크리에이티브 커먼즈
[저작자표시-비영리-변경금지 4.0 국제 라이선스]에 따라 이용하실 수 있습니다.
http://creativecommons.org/licenses/by-nc-nd/4.0

그런 자립은 없다
곁을 잇고 나로 서는 청소년 현장 이야기

ⓒ 인권교육센터 들, 2019

2019년 3월 25일 처음 펴냄
2020년 3월 20일 초판 2쇄 찍음

글쓴이 | 인권교육센터 들
기획·편집 | 이진주, 이경은, 설원민, 김기언, 공현
출판자문위원 | 이상대, 박진환
디자인 | 이수정, 박대성
제작 | 세종 PNP

펴낸이 | 김기언
펴낸곳 | 교육공동체 벗
이사장 | 심수환
사무국 | 최승훈, 이진주, 이경은, 설원민, 김기언, 공현
출판등록 | 제2011-000022호(2011년 1월 14일)
주소 | (03971) 서울시 마포구 성미산로1길 30 2층
전화 | 02-332-0712, 070-8250-0712
전송 | 0505-115-0712
홈페이지 | communebut.com
카페 | cafe.daum.net/communebut

ISBN 978-89-6880-112-9 03330

이 도서의 국립중앙도서관 출판예정도서목록(CIP)은 서지정보유통지원시스템
홈페이지(seoji.nl.go.kr)와 국가자료공동목록시스템(www.nl.go.kr/kolisnet)에서
이용하실 수 있습니다. (CIP제어번호 : CIP2019009121)

그런 자립은 없다

곁을 잇고 나로 서는 청소년 현장 이야기

인권교육센터 들 씀

교육공동체벗

| 차례 |

책을 펴내며   7

| 1 |
청소년 자립, 인권을 만나다
'자몽'과 '몽실'의 만남, 3년의 시간을 돌아보며
인권교육센터 들 '몽실夢實 프로젝트팀'   11

| 2 |
인권을 품은 청소년 자립,
아홉 현장 이야기

재미로 엮는 관계의 숲
- 늘푸른 자립학교 | 한낱   30

'EXIT홀릭'이 생겨나는 사연
- 움직이는 청소년센터 EXIT | 배경내   58

마을과 함께 '나'로 서다
- 공릉청소년문화정보센터의 '나도, 꽃' | 날맹   86

제대로 만나 제대로 작당하다
- 꿈꾸는아이들의학교의 '플랜비' | 호연   108

'맷집'을 키우며 일궈 낸 일터이자 배움터
- 청소년 직업 훈련 매장 커피동물원 | 한낱   134

"안 되나 봐요"와 싸워 나가는 시간
- 경기위기청소년교육센터 아띠아또 | 배경내   160

'무지개 청소년'을 위한 내비게이션
- 청소년성소수자위기지원센터 띵동 | 공현   182

'뭘 그런 걸 묻냐?' 싶은 걸 묻는다
- 안산YWCA 여성과성상담소의 키움학교 | 고은채   202

이것저것 해 보고 싶어지는 '집'
- 청소년 자립팸 이상한나라 | 호연   224

|3|
자립과 인권이 만난 이야기에서 읽어 낸 철학들

별거 아닌 것들이 별스럽게 된 이야기 | 배경내   251

부록- 2015년~2017년 자몽 참여 기관과 사업 내용   265

필자 소개   268

| 책을 펴내며 |

세상에는 두 가지의 농담이 있다. 잔혹한 농담은 존재와 삶을 배반한다. 자립적이지 못하다고 비난받는 사람들에게 세상이 건네는 이야기들은 잔혹한 농담으로 가득 차 있다. '왜 그것도 못하니? 홀로 살아남아 너의 쓸모를 증명해 봐!' 세상이 강요하는 그런 방식으로 자립할 수 있는 사람은 없다. 또 하나의 농담이 있다. 세상의 이야기를 뒤집는 거대한 농담. 여기, 세상이 말하는 자립의 바깥에서 다른 자립의 이야기를 만들어 내는 사람들이 있다. 곁을 이으며 자기의 목소리와 시간을 획득해 나가는 청소년과 그 벗들이 만들어 가는 실험들이 있다. '그런 일이 가능해?'라고 말하는 세상에서 '어쨌든 해 보자'는 작은 실험들이 모여 거대한 농담이 되고, 그 농담이 결국엔 현실이 된다. 이 책은 바로 그 실험들이 건네는 거대한 농담에 관한 이야기다.

이 책은 '청소년 자립 지원 사업 자몽自夢'을 수년째 해 오고 있는 '사회복지법인 함께걷는아이들'의 제안으로 처음 기획되었다. 자몽의 시간들을 찬찬히 돌아보고 싶다는 기대와 아울러, 자몽에 참여한 기관들의 이모저모를 우리만 알고 있기에는 너무 아깝다는 아쉬움에서 비롯된 작업이었다. 2018년 여름, 책은 《만나보고서 – 청소년 자립, 아홉 현장 이야기》라는 제목으로 세상에 첫 선을 보였고, 함께걷는아이들의 재정 지원을 받아 청소년 자립을 고민하는 현장들에 무료로 배포되었다. 아쉽게도 무료 배포를 통해 가닿을 수 있는 현장은 제한적일 수밖에 없었다. 책에 담긴 이야기들이 좀 더 넓은 세상 속으로 퍼져 나가면 좋겠다는 독자들의 제안으로 정식 출판을 시도하게 되었다. 우리에게 무척이나 사랑받은 제목이었지만 자료집을 연상시킨다는 반응을 고려해 "만나보고서"라는 제목은 아쉽지만 포기하기로 했다. 대신에 책에 담긴 메시지를 좀 더 선명하게 부각시키는 현재의 제목으로 바꿔 달았다.

  우리는 이 책이, 굳이 자립에 초점을 맞추고 있지 않을지라도, 청소년을 만나는 모든 현장에 어떤 이야기를 건네고 있다고 믿는다. 교육, 돌봄, 위기 지원, 취업 지원, 참여 진흥, 문화 활동, 진로 훈련 등 그 이름과 형식이 무엇이든 간에 청소년을 '위한' 활동이라고 여겨지는 작업을 전개하는 곳이라면 청소년을 '제대로 만난다'는 것은 무엇인가를 고민하지 않을 수 없을 것이다. 또한 자립적이지 못하다고 모욕받고 낭떠러지로 내몰리는 이들엔 청소년만 있지 않다. 세상이 말하는 자립의 개념을 고쳐 쓰기 위해 고군분투하는 이들에게도 이 책이 실마리를 제공할 수 있기를 기대한다.

'비상非常이 일상인 삶'을 살아가면서도 오늘도 실험을 멈추지 않는 이들이 있었기에 이 책이 만들어질 수 있었다. 우리를 믿고 이야기를 꺼내어 준 청소년들과 현장의 활동가들에게 깊은 감사를 전한다. 우리의 작업에 동행해 준 함께걷는아이들의 수고와 지원도 기억하지 않을 수 없다. 끝으로 《만나보고서》를 통해 우리의 이야기를 먼저 만났고 사랑해 주었으며 정식 출판을 응원해 준 독자들에게도 감사를 전한다.

2019년 깨어나는 봄을 맞이하며
저자들을 대표하여, 배경내

청소년 자립, 인권을 만나다

'자몽'과 '몽실'의 만남, 3년의 시간을 돌아보며

인권교육센터 들 '몽실夢實 프로젝트팀'

설렘이 두려움을 이긴 그 후

2014년 겨울이었다. 사회복지법인 함께걷는아이들로부터 청소년 자립 지원 사업 참여 기관에 대한 모니터링과 현장 실무자 교육을 맡아 줄 수 있겠냐는 제안을 받고 우리는 한참이나 머뭇거렸다. 청소년 인권을 주요 의제로 고민하면서 사건에 대응하고, 실태 조사를 벌이고, 조례나 법률을 만들고 고치고, 교육 활동을 펼쳐 오긴 했지만, '청소년 자립'은 다소 생소하고 무거운 의제였다. 자립이 뭔지, 청소년 자립 지원 현장이 어떻게 돌아가는지 잘 모르는 우리가 과연 모니터링을 할 자격이 있을까. 모니터링이라고 하면 먼저 '평가'하는 위치를 떠올리기 쉬운데, '인권교육센터 들'이 자립 지원 현장과 그런 위계적 관계를 맺는 게 적절할까. 두려움과 자신 없음 사이를 헤매는 동안 설레는 마음도 뭉긋 올라왔다. 한두 차례 교육만 하고 끝나는 게 아니라, 1년 동안 지속적으로 현장과 관계를 맺고 영향을 주고받을 수 있는 기회잖아! 두루뭉술한 인권 이야기 말고, 그냥 청소년 인권 이야기 말고, 청소년 자립 현장에 맞는 살아 있는 인권 이야기를 써 내려 갈 기회가 우리에게 찾아온 건 아닐까. 설렘이 결국 두려움을 이겼다.

함께걷는아이들이 2015년부터 시작한 '청소년 자립 지원 사업 - 자몽自夢'(자몽)은 청소년 자립을 지원하는 현장의 다양한 시도들을 북돋기 위한 재정 지원 사업이다. 자몽 프로젝트만의 특별함은 재단이 지원을 받는 현장과 맺으려는 관계에 있었다. '지원금만 달랑 주고 돈 제대로 쓰고 있나 현장 방문 한두 번 가고 보고서만 받고 끝!'이 아니었다. 함께걷는아이들은 매달 지속적인 네트워크 모임을 꾸려 청소년 인권에 관한 현장의 고민을 숙성시키고 상호 배움의 자리를 열고 싶어 했다. 사업에 선정된 기관들에게 체계적인 배움과 토론의 자리를 열어 줄 파트너가 필요한 것이었다. 그래서 '인권교육센터 들'의 문을 두드렸고, 우리는 결국 대문을 활짝 열어 맞이했다. 목표가 그렇다면 모니터링의 접근법도, 참여 기관과 맺는 관계도 달라져야 했다. 우리는 형식적인 심사나 사업 성과를 측정하는 모니터링 기관이 아니라, 숫자로는 환산될 수 없는 변화와 새로운 도전을 지원하는 벗이 되고 싶었다. '자몽'을 튼실하게 만들고 열매를 맺을 수 있도록 지원하겠다는 뜻을 담은 '몽실夢實 프로젝트팀'(몽실팀)이라는 이름은 그런 마음에서 탄생했다.

자몽과 몽실의 만남, 그 3년의 시간

2015년부터 3년간, 자몽 사업을 통해 우리는 다양한 기관들을 만났다. 보호 관찰소와 같은 국가 기관에서부터 거주 시설, 학교 밖 청소년 지원 센터, 자활 훈련 매장, 대안학교, 상담소 등 다양한 기관들이 자몽에 신청서를 제출했다. 지원 대상으로 선정된 기관의 접근 방식도 다양했다. 인턴십, 심리 지원, 자립 역량 수업, 연구, 문화예술 수업, 인문학 수업 등 다양한 접근이 이루어지는 사이 '청소년 자립'의 구체적 그림들을 하나둘 그려 나갔다. '늘푸른 자립학교'(2017년까지 서울 마포구 소재)처럼 오랜 인연을 맺게 된 기관이 있는가 하면, 1년짜리 반짝 인연에 그친 기관도 있었다. 자몽이 시작된 첫해부터 2017년까지 '움직이는 청소년센터 EXIT'와 '청소년 자립팸 이상한나라'는 참여 기관은 아니었지만 일종의 '협력 기관'으로서 네트워크 모임에 꾸준히 함께하며 청소년 자립 현장의 고민을 함께 나눴다.

청소년 자립 지원 현장을 지원하는 역할을 맡은 몽실팀은 매년 두 차례의 현장 방문과 실무자/청소년 인터뷰, 기관별 맞춤 교육, 월례 네트워크 모임 등을 통해 발견한 현장의 고민을 엮어 교육과 대화의 장을 마련했다. 매년 달라지는 참여 기관의 성격과 사업 주제에 따라 교육과 대화의 의제도 달라졌다. 청소년 인권, 빈곤, 가족, 학교, 청소년 노동, 섹슈얼리티, 지적 장애, 성적 지향과 성별 정체성, 성폭력, 심리 치유, 기본소득, 자유와 책임, 나이주의, 자존감 등이 의제로 초대받았다. '고민상담소'와 같은 시간을 통해 현장의 고민을 펼쳐 놓고 다른 실천의 가능성을 모색하는 자리도 배치됐다. 만남의 횟수가 늘어나는 만큼 고민도 깊어졌다. 현장과 현장을 연결해 흩어져 있는 고민들을 꿰다 보니 해답까지는 아니어도 다른 가능성이 조금씩 발견되기도 했다. 우리나 참여 기관이나 함께걷는아이들이 청소년의 자립을 바라보는 관점도 조금씩 풍성해졌다.

변화는 자몽 사업의 명칭 변경으로도 드러난다. 2015년 시작 당시만 하더라도 자몽의 정식 명칭은 '위기 청소년 자립 지원 사업'이었다. 그런데 '위기' 개념의 복합성을 탐색하는 과정에서 '위기 청소년'이라는 말이 청소년이 놓인 '위기 상황'을 문제시하기보다 청소년의 '존재' 자체를 비정상화, 우범화한다는 우려를 함께 나누게 되었다. 사회적 지위의 열악함과 자원의 곤궁함으로 대표되는 청소년들의 위치는 그 자체로 언제나 위기적이다. 누군가에게 딸려 있는 존재이기에 사회가 요구하는 틀에서 벗어나거나 가족의 돌봄이 철회되는 순간, '보통'의 청소년도 순식간에 '위기' 청소년이 될 수밖에 없다. 어떤 의미에서는 '위기' 청소년이 따로 있는 게 아니다. 삶의 다양한 굴곡을 통과하면서 고군분투하고 있는 청소년을 '위기 청소년'이라는 하나의 개념으로 집단화하고 분류해서는 그들의 구체적 고통과 목소리를 드러내기 힘들다는 이야기도 오갔다. 그 결과, 2016년부터는 자몽 사업의 정식 명칭에서 '위기'라는 단어가 삭제되었다. '위기 청소년 지원 현장'이라는 말도 '청소년 위기 지원 현장'이라는 말로 달라지는 변화를 겪었다.

  사업의 성과를 외부에서 '심사'하기보다 현장의 자발적 변화를 지원하겠다는 우리의 바람은 참여 기관들과 함께 '자가 점검 질문 목록'을 만드는 과정으로 이어졌다. 몽실팀이 초안을 제공하고 매년 네트워크 모임에서 검토와 토론을 거치면서, 각 기관이 자기 사업을 스스로 돌아보는 점검 기준을 만들고 고치는 작업이 진행되었다. 각각의 사업이 향상되기를 기대하는 청소년과 기관의 역량은 무엇인지(목표 역량), 각 사업에서 청소년은 어떤 위치를 차지하고 참여는 어떻게 보장하고 있는지(주체적 참여), 청소년의 유동적 상황을 반영하여 사업이 유연하게 조정되고 있는지(사업의 유연성), 사업 담당자만의 고민으로 남지 않고 전체 기관의 구성원들과 사업의 고민이 나누어지고 있는지(사업의 통합성), 청소년들과 실무자/기관 사이 그리고 실무자/활동가들과 전체 기관 사이는 동등한 관계를 맺고 있는지(민주적 관계)가 핵심 질문으로 자리 잡았다. 성과를 측정하기보다 과정에서의 발견을 환영했고, 사회 구조적 장벽을 고려하면서 현장이 굴러가고 새로운 모색도 이루어져야 하지 않겠냐는 참여 기관의 제안에 따라, 사업의 결실을 점검할 때 여전히 또는 새롭게 발견되는 장벽들이 무엇인지를 살펴보는 점검 질문이 추가되기도 했다. 이 질문에 따라 참여 기관은 자체 평가를 통해 중간 보고서와 최종 보고서를 작성했고, 그 내용을 네트워크 모임에서 함께 나누었다.

'청소년 자립' 밖에서 자립을 찾은 이유

함께걷는아이들은 왜 모니터링과 교육의 핵심 언어로 '인권'을 떠올렸을까. 왜 우리는 '인권'과 '청소년 자립'이 만나길 바랐던 것일까. 기존의 청소년 자립 지원 사업들과 자몽이 지원하는 자립 지원 사업들은 어떤 점에서 달라야 하고 또 달라지기를 우리는 바랐던지. '촉'은 있었지만 이를 설명할 선명한 '언어'가 우리에겐 없었다. "자립은 현실인데, 인권은 좋은 얘기지만 하늘에 떠 있는 느낌이에요." 한 현장 실무자의 고민에 답할 우리의 언어는 추상적이었고 주먹구구식이었다. 현장을 잘 알고 싶었다. '잘 알아서' 시작한 모니터링이 아니라 '잘 알기 위해서' 시작한 모니터링이라니! 누군가의 눈에는 무모해 보일지 몰라도, 우리의 입장에선 당연한 것이기도 했다. '인권에 기반한 청소년 자립'은 한국 사회에서 선행 연구조차 없는, 운동의 의제로도 제대로 등장하지 않은 낯선 개념이었다. 몽실팀의 첫해, 우리는 자립과 인권의 만남을 구체화하는 언어를 발굴하는 데 집중했다. 현장

관찰, 실무자 그리고 청소년과의 대화와 인터뷰, 문헌 연구, 참고할 만한 유사 사례 연구 등을 거치면서 점차 "우리가 말하고 싶었던 게 이거였구나!" 윤곽이 드러나기 시작했다.

  인권의 관점에서 기존의 자립 개념과 자립 지원 사업들의 방향을 검토하면서 우리는 커다란 모순을 발견했다. 누구에게도 의존하지 않으며 홀로 자립한 이는 어디에도 존재하지 않지만 '의존'은 마치 불완전한 인간의 징표처럼 여겨지고 있었다. 삶에 도래하는 위기는 사회 구조로부터 기인하는데도, 어려움을 딛고 일어서야 할 책임은 온전히 개인이 짊어져야 할 몫으로 남겨졌다. '정상적인' 인간의 상태를 단정 짓고, 그 틀에 맞춰 필요한 '기술'을 익히는 걸 '자립'으로 정의한다면, 인간은 시스템을 지탱하는 부속품이나 한낱 자원으로 환원될 뿐이었다. 자립과 관련한 담론, 정책, 현장 실천 역시 청소년을 주체가 아닌 '자립시켜야 할 대상'으로 바라보는 경우가 흔했다. 그래서 자립이라는 말은 청소년에게 두려움, 홀로 내팽개쳐진 듯한 외로움의 다른 이름이었다. 인권도 자립도 결국엔 '인간을 어떤 존재로 이해할 것인가'를 둘러싼 정치이자 담론이었다.

  "비상非常이 일상"인 삶을 살아가는 청소년들에게 자립이라는 말이 조금은 덜 외롭고 조금은 덜 초조하며 조금은 덜 삭막하고 조금은 덜 스산한 언어가 될 수는 없을까. 누구도 홀로 자립할 수는 없다. 자립은 결코 먼 미래에 도달해야 할 무언가가 되어서는 안 되었다. '스스로 그리고 함께' 자신의 삶을 구성하고, '바로 지금' 사회 속에서 의미 있는 존재로 살아가는 상태를 자립이라고 불러야 하는 건 아닐까. 그렇다면 삭막한 자립의 언어에 인권의 숨결을 불어넣는 작업이 절실했다. '홀로 살아남아 너의 쓸모를 증명하라'는 요구 앞에서 '의무'가 된 자립의 언어를 '권리'의 언어로 재구성할 필요가 있었다. 그 고민의 여정이 〈청소년의 자립을 어떻게 말할 것인가: 6개의 대안적 자립 개념〉과 〈청소년 자립, '기술'에서 '역량'으로: 인권의 관점에서 바라본 역량 접근〉이라는 연구 결과물에 담겼다.

유동하는 자립, 조건 없는 자립, 지금 현재의 자립, 지속 가능한 자립, 관계적 자립, 주체적 자립. 몽실팀이 만들어 낸 이 6개의 대안적 자립 개념은 기존의 자립 개념이 지닌 공백 또는 한계가 청소년의 '진짜 삶'과 인간 존엄의 가치와 어떻게 충돌하는지를 짚어 보며 그려 낸 대안적 시선이다. 삶을 불안정으로 내모는 사회에서 삶터도, 경제력도, 신분도 불안정한 청소년에게는 더더욱 유동적인 시간이 보장되어야 하지 않겠냐는 질문은 '유동하는 자립'이라는 개념으로 연결되었다. 사회를 고치려 하지 않고 청소년들에게만 '비정상', '결핍', '문제'라는 낙인을 찍어 고치라 명하는 일이 얼마나 폭력적인가 하는 분노는 '조건 없는 자립'이라는 개념을 낳았다. 청소년기를 다만 자립을 '준비'하는 단계로만 설정하는 일은 인간의 시간을 고정적이고 단선적으로 이해하는 일이라는 깨달음은 '지금 현재의 자립'이라는 개념을 요청했다. 정해진 시기 동안 정해진 척도에 따라 정해진 과업을 완수하라 내모는 토끼몰이식 자립은 모퉁이에서 쉬어 가기도 하면서 삶의 근육을 키워 나가는 '지속 가능한 자립'이라는 언어로 대체되었다. 사람은 관계 속에서 자기를 형성하고 관계 속에서 삶을 재건하기도 한다는 깨달음은 서로 의지하되 일방적 의존은 삼가는 '관계적 자립'의 소중함을 일깨웠다. 힘들어도 선택해 보고 타인에게 휘둘리지 않고 자기 중심을 잡아 나가는 경험이야말로 굴곡은 있지만 '색깔 있는 삶'을 가능케 한다는 발견은 '주체적 자립'이라는 개념을 영글게 했다.*

'기술'에서 '역량'으로, 전환을 고민하다

이 6개의 대안적 자립 개념을 고민하는 과정에서 우리는 청소년들의 몸과 정신, 태도, 습관, 능력 들에 하나하나 점수를 매기면서 그/녀들의 자립 준비도를 측정하려 드는 자립 척도부터 폐기되지 않으면 안 된다는 결론에 이르렀다. 아마티아 센과 마

---

* 자세한 내용은 [인권교육센터 들, 〈청소년의 자립을 어떻게 말할 것인가: 6개의 대안적 자립 개념〉, 《'"청소년 자립" 밖에서 자립 찾기 - 2015년 '위기 청소년' 자립 지원 사업 자몽 연구 결과 발표회' 자료집》, 2016년 2월 16일]을 참고하라. 인권교육센터 들 홈페이지(www.hrecenter-dl.org)에서 내려받을 수 있다.

사 누스바움이 중심이 된 역량capability 연구들을 참고하여 우리는 청소년의 존엄한 삶을 가능케 하는 '자유이자 기회'로서의 '청소년 자립 역량' 목록을 재구성했다. 자립 역량의 주요 범주로는 ▲자기 결정과 유대(존엄하게 대접받기/사회적 유대 조직하기/다른 종種, species과 공존하기) ▲안전과 존엄(생명과 건강 이어 가기/자율적 공간 갖기/신체적 통합과 안전 확보하기) ▲감수성의 확장(감각·생각·표현의 주인 되기/감정에 깨어 있기) ▲시민으로서의 삶(경제적 자율성 갖기/일에 대한 통제권 갖기/정치적 힘 갖기) ▲인생 예찬(놀기)의 5가지 영역이 제안되었다.*

이듬해인 2016년, 우리는 청소년들이 어떤 구체적인 경험과 만남, 맥락과 조건 속에서 자립 역량을 기르게 되는지 현미경을 대 보고 싶었다. 그러다 기존의 청소년 자립 척도들을 접한 청소년들이 자립 의지나 심리 정서 상태, 사회성을 측정하려고 묻는 문항들에 대해 아주 격렬한 반응을 보인다는 점에 주목하게 되었다. "우리를 환자로 보는 거야?" 이 한마디로 압축되는 그/녀들의 반응에는 분명 삶에서 축적된 맥락이 깔려 있을 터였다.

청소년 자립 지원 현장에는 심리 지원 멘토링, 예술 치료, 심

---

* 자립 역량에 대한 자세한 논의는 [인권교육센터 들, 〈청소년 자립, 기술에서 역량으로: 인권의 관점에서 바라본 역량 접근〉, 앞의 자료집]을 참고하라.

리·성격 검사, 심리 상담, 아동 전문 치료, 정신과 치료 연계 등 다양한 이름과 형식으로 심리 정서 지원 사업들이 광범위하게 진행되고 있다. 너흰 아직 어리다거나 준비가 안 되었다거나 능력이 부족하다거나와 같은 비난도 모욕적이지만, 정신적인 문제를 지닌 존재로 취급받는 일이 왜 더 큰 분노를 자아내는 것일까. 그런 위치에 놓인다는 것은 과연 어떤 경험일까. 우리는 현장으로 좀 더 다가가 보기로 했다. 심리 정서 지원 사업에서 청소년들이 실제로 무엇을 경험하는지, 무엇이 청소년을 심리 치유로부터 도망치게 만드는지, 무엇이 진정한 치유와 심리 정서 역량의 강화를 가능케 하는지를 탐색했다. 그 결과 '정직한 소통', '주체성과 개별성의 보장', '각자의 시간에 대한 존중', '동등한 존재로 마주 보기', '상담실 밖의 치유적 관계'와 같은 열쇳말들이 발견되었다. 심리 치유와 인권 존중은 결국 다른 말이 아니었다.* 트라우마 심리치유센터 '사람마음'의 최현정의 말마따나 "결과적으로 인권을 침해한다면 심리 치료가 아니"다.

  2017년, 우리는 '경제적 자율성'이라는 자립 역량에 주목했다. 기본소득에 관한 사회적 관심과 정책 실험이 늘어나고 있던 때

---

* 자세한 내용은 [인권교육센터 들,《마음의 관리? 마음의 권리! - 청소년 심리 정서 지원 사업, 무엇을 묻고 무엇을 고민해야 하는가' 몽실 연구 발표회 자료집》, 2017년 2월 16일]을 참고하라. 인권교육센터 들 홈페이지(www.hrecenter-dl.org)에서 내려받을 수 있다.

이기도 했고, 무엇보다 경제적 빈곤과 불안정성은 언제나 청소년의 위기를 구성하는 핵심 요소였다. '어떤 형태든 '예측 가능하고 스스로 통제할 수 있는 생계 가능 소득'을 가질 수 있어야 시민으로서의 삶도 가능하지 않을까.' '모든 청소년은 경제적 약자지만 특히나 '위기 청소년'의 삶에서 현금은 더더욱 큰 의미를 지니고 있지 않을까.' "'당장 자립'이 시급한 이들에게 왜 국가는 '자립 준비'라는 명분의 서비스만 제공할까.' 우리는 이런 질문들로부터 출발해 국내외 동향을 살피고 청소년들의 삶 속으로 걸어 들어갔다.

기본소득에 관한 다양한 실험들이 전 세계적으로 펼쳐지고 있었지만 그 안에서도 청소년에 주목한 실험은 찾아보기 힘들었다. 청소년과 실무자, 기본소득 연구자들을 만나면서 가구 단위를 기준으로, 선별에 초점을 맞춘 기존의 사회 복지 체계로는 청소년의 위기를 품을 수 없다는 게 다시금 분명해졌다. 우리는 '청소년에게 직접, 조건 없이, 현금으로' 소득을 지원하는 정책이 청소년들에게 협상력, 시민으로 살아갈 여유, 미래를 계획할 시간, 사회적 관계 맺기, '벌'이 된 노동을 벗어날 기회, 소득만이 아닌 다른 삶에 대한 상상력, 삶에서 재미를 느낄 틈, 공공성과 '사회'에 대한 감각을 제공할 수 있다는 확신을 얻었다. 돈으로 다 해결되지는 않지만, 현금만으로 경제적 자율성이 충족될 수도 없지만, 자립의 '밑천'으로서 소득 보장은 청소년에게 절실한 삶의 토대였다.*

이 연구로 '늘푸른 자립학교', '청소년 자립팸 이상한나라'와 같은 기관들이 청소년에게 직접 소득을 지급하는, 작지만 귀한 실험을 시작할 용기를 얻었다.**

우리의 말 걸기는 멈추지 않는다

2018년 4월 25일, 국회 앞에서는 아주 특별한 기자회견문*** 하나가 발표됐다. 당시 국회 앞에서는 선거 연령 하향과 청소년 참정권 보장을 촉구하는 청소년들과 '촛불청소년인권법제정연대'의 농성이 1달 넘게 이어지고 있었다. 자몽 사업에 참여해 왔던 기관들과 몽실팀이 머리를 맞대 청소년 자립과 청소년 참정권의 연결 지점을 찾았다. 그리고 모여서 외쳤다. "선거 연령을 낮추는 일은 우리 사회가 국민으로서, 시민의 한 사람으로서 청소년을 존중하고 환영한다는 명시적인 선언"이며, "이 사회의 주

---

* 자세한 내용은 [인권교육센터 들, 《'청소년과 기본소득 실험의 만남 – '모든 청소년에게 조건 없는 현금 직접 지급'의 의미와 필요성 탐구' 청소년기본소득팀 연구 발표회 자료집》, 2017년 11월 14일]을 참고하라. 인권교육센터 들 홈페이지(www.hrecenter-dl.org)에서 내려받을 수 있다.

** 이들 기관의 실험이 갖는 의미와 좌충우돌의 과정에 대해서는 추가적인 해석과 평가가 이루어질 것이라 믿는다.

*** 기자회견문 전문은 인권교육센터 들 홈페이지(www.hrecenter-dl.org/6823/)를 참고하라.

체인 청소년의 참정권을 막고 있는 것은 청소년들이 겪어 온 아픔과 차별을 방관하는 것"이라고. 청소년에게 자립을 요구하면서도 기본소득, 주거, 일자리 등의 정책들은 제시되지 않는 현실은 "청소년의 목소리로 문제를 말해야 하며 대안을 제시하고 만들어야" 한다는 걸 역설적으로 보여 주기에 "선거 연령 하향은 청소년의 존엄과 자립을 위한 기본"이라고. "딸려 있는 위치에서 기인하는 종속을 경험"하도록 만드는 청소년 자립 지원 현장과 사회 복지 정책, "변방에 있는" 청소년 정책을 바꿔 내기 위해서도, 인권에 기반한 자립 지원 정책을 만들어 내기 위해서도 청소년을 시민으로 인정하는 참정권 보장이 필수적이라고. 이는 "청소년과 동료 시민으로 일하고자 하는" 현장의 활동가/실무자의 존엄한 노동을 위해서도 꼭 필요한 일이라고. 바쁜 업무를 뒤로 하고 국회 앞으로 달려온 이들이 써 온 성명서에는 몽실팀이 자몽과 만나 나누어 왔던 이야기가 압축적으로 담겨 있었다. '청소년 자립팸 이상한나라'에서 함께한 청소년도 "우리가 아니라 사회가 문제"라고, "우리도 시민"이라고, "우리의 목소리를 외면하는 자립 지원 정책이 바뀌어야" 한다고, "선거권 획득이 그 시작이 될 수 있다"고 힘주어 말했다. 자몽과 '몽실'의 3년이 헛되지 않았다.

  2018년, 자몽은 4년 차를 맞이했다. 우리가 자몽을 처음 만났을 때만 해도 인권은 청소년 자립 지원 현장과는 뭔가 떨어져 있는, 서걱거리는 언어 같았다. 때로는 빈틈없는 실천을 요구하는 '냉정한' 기준으로 오해받기도 했다. 지난 3년 동안 작다면 작고 크다면 큰 실험들이 자몽 참여 기관들 안에서 펼쳐졌다. 아직은 소수의 기관이지만, 인권은 이제 기관의 변화를 일구는 '축'으로 자리 잡았다. 물론 우리가 건넨 이야기를 낯설어하거나 불편해한 기관도 있었고, 뭘 이야기하고 싶은지는 알겠는데 자신들에게는 불가능한 일이라며 돌아선 기관도 있었다. 아직도 인권의 언어를 만나지도 못한 청소년 자립 지원 현장도 많다. 인간 존엄, 청소년 주체성, 동료로 '곁'에 서기를 핵심으로 고민한 자몽 참여 기관들의 실천이 더 조명되어야 할 이유다. 완벽한 해답이 있어서가 아니라 헤매고 좌충우돌하는 시간 속에서 길러 낸 힘이야말로 희망의 근거라 믿는다. 청소년 자립 지원 현장을 향한 우리의 말 걸기는 그래서 멈추지 않는다.

인권을 품은 청소년 자립,
아홉 현장 이야기

재미로 엮는
관계의 숲

늘푸른 자립학교

한낱

"학습, 일, 재미, 쉼을 함께 누릴 수 있는 10대 청소녀들의 배움과 성장의 공간." 입학 신청서가 첨부된 늘푸른 자립학교(늘푸른)* 홍보 책자 1면에 적힌 학교 소개다. 종합 선물 세트처럼 핵심 단어들을 꾹꾹 눌러 담은 한 줄 문구 중 유독 '누리다'란 말이 눈에 들어온다. '마음껏 즐기고 맛보다'라는 뜻의 이 단어와 다른 핵심어들을 연결 짓자 비로소 늘푸른의 풍경이 그려진다. 출결 관리 대신 "오늘 학교 오는 거야?" 안부 전화를 건다. 듣고 싶은 수업을 선택해 스스로 시간표를 짠다. 쉼이 필요할 땐 교실을 나와 혼자 시간을 보내거나 교사와 대화를 나눈다. '딸랑 이거' 같은 작은 시도들을 서로 응원하고, 사소한 변화도 크게 축하한다. 우아하고 평온한 일상은 결코 아니다. 울고, 웃고, 삐치고, 싸우고, 화해하는 변화무쌍한 오늘이 매일 이어진다. 그럼에도 불구하고, 진로 수업으로 첫 인연을 맺고 현재 상근 교사로 일하고 있는 신선웅은 "야근도 많고, 청소년들과 부대낌도 많지만 여기가 재밌다"고 말한다. 처음엔 일주일에 한 번 학교에 갈까 말까 했던 청소년 김정은은 "늘푸른을 더 자세히 알게 될수록" 학교로 향하는 날들이 많아졌다.

자세히 알고 오래 겪을수록 재미를 발견하고, 정을 붙이는 청

---

* 2009년 9월 서울 마포구에 개교한 늘푸른 자립학교(법인 새날을여는청소녀쉼터)는 2017년 7월 서울 관악구로 이전했다. 이후 같은 법인의 인턴십 센터 '새날에오면'과 통합해 '관악늘푸른교육센터'로 운영 중이다.

소년들이 늘어 간다. 그렇게 지지고 볶으며 10년의 세월을 보냈다. 늘푸른은 2018년으로 개교 10주년을 맞이한다. 다른 기관의 실무자나 활동가들은 종종 "늘푸른은 원래 잘해!"라고 말하지만, 늘푸른의 교사들은 입을 모아 "우린 허당이고 빈틈투성이"라고 강조한다. 특출한 아이템이나 운영 비법도 없다는 이곳이 청소년들에게 마음 둘 곳, 가 볼 만한 곳으로 느껴지는 까닭은 무엇일까.

#1 문화예술, 재미, 자립: '한번 해 볼까? 해 보니까 되네?'

늘푸른은 정규 학교를 다니지 않는 10대 여성이라면 누구나 수시로 입학할 수 있는 대안교육 기관이다. 이곳에 오는 청소년들은 "어떻게든 트집을 잡아 갈구는 교사가 싫어서", "학교에 걷잡을 수 없이 안 좋은 소문이 퍼져서", "수업 내용을 도저히 따라갈 수 없어서", "학교를 계속 다닐 이유를 찾을 수 없어서" 등 저마다의 이유로 제도권 학교를 떠났다. 불안정한 가족 상황이나 성/폭력 경험 등 학교 밖의 이유로 어쩔 수 없이 학교를 그만둔 이들도 있다. 청소년들의 삶을 둘러싼 복잡한 위기적 여건들은 좌절감과 무력감을 깊이 새겨 놓기도 한다.

'어차피 해도 안 된다'는 마음에 작은 균열이라도 내야 그 다음이 가능했다. 학교처럼 다가가는 방식은 전혀 통하지 않았다.

관악늘푸른교육센터 배너

학력 취득을 원하는 경우 검정고시 준비를 위한 교과 수업을 지원했지만 방어적 저항감에 부딪히곤 했다. "재미없어요." 딱 잘라 합격과 불합격을 가르는, 노력해도 정해진 기준 점수를 통과하지 못하면 무조건 실패로 간주되는 시험이 가진 한계는 컸다. 무언가를 해냈지만, 결과적으론 아무 것도 아니게 되는 경험을 하나 더 얹는 꼴이었다.

"해도 안 된다"를 "한번 해 볼까? 해 보니까 되네!"로 전환하는 데 도움을 주는 매개가 '문화예술'이었다. 학교가 처음 만들어진 2009년부터 클라리넷, 기타, 드럼 등의 악기 수업을 비중 있게 배치했다. 낯선 악기를 향한 막연한 호기심이 '해 보고 싶다'는 마음에 불씨를 피웠다. 잡는 방법도 몰랐던 악기의 연주법을 익히고, 소리를 내고, 떠듬떠듬 한 곡을 연주해 내는 순간들이 '해냈다'는 짜릿함으로 남았다. "이거 해냈던 것처럼 저거도 할 수 있어." 지속적으로 새로운 시도를 해 볼 마음의 고리가 만들어졌다. 도달해야 할 점수,

언제 어디까지 꼭 나가야 하는 진도가 없다는 점도 문화예술 수업의 큰 장점이었다. 각자의 취향과 속도에 맞춰 유연하게 곡을 변경하거나 일정을 조율할 수 있었다. 문제집 앞에선 침묵을 지키던 이들이 악기를 사이에 두곤 자연스럽게 자기표현을 시작했다. 평가가 없고, 부담이 사라지자 "문화를 통한 상담"의 기회가 덩달아 열렸다. 다른 어떤 수업보다 청소년들의 호응도가 높았고, 재미있다는 피드백이 이어졌다.

사람의 호기심을 건드리는, 무언가를 시작하게끔 만드는 자극이 바로 '재미'였다. 교사 윤애경은 '자립의 마음'도 이와 크게 다르지 않다고 생각했다. 뭘 제안해도 심드렁하고 학교에 오면 줄곧 소파에 누워 스마트폰만 보던 이가 한번 그림에 꽂히자 노트를 꺼내 몇 시간이고 스케치하는 모습을 지켜봤다. "자기가 좋아하는 것은 저렇게 열심히 하네?" 그렇다면, 각자가 재밌어하는 것들을 수업 안으로 끌고 들어와 고스란히 수업 과정으로 운영해 보고 싶었다. 학생들의 선호를 취합해 수업을 신설하기 위해서는 재정 확보가 꼭 필요하던 찰나, 자몽 프로젝트를 만났다. 4가지로 운영하던 문화예술 수업을 2015년엔 10가지로 늘릴 수 있었다. 일반 학교는 학생들이 획일적인 학교에 적응하길 요구한다. 그러나 모두가 똑같은 신발을 신을 수 없는 것처럼, 각자에겐 각자에게 맞는 교육이 필요하다. 주객이 자리를 바꾸니 새로운 실천이 열렸다. 학교가 학생에 적응해야 한다. 10명의 학생이 있다면, 10개의 교육과정이 열려야 한다. 이러한 늘푸른의 실험은 몽실팀으로부터 "n개의 교육과정"이라는 별칭을 얻었다.

#2 재미의 진화: '관계 속 나'를 발견하는 울림, "뽕 맞음"

재미의 의미가 여기에만 그치면 뭔가 좀 허전하다. 각자 좋아하는 걸 배울 수 있도록 학원 수강을 지원해 주는 방식과는 무엇이 다를까? 늘푸른에 함께 모여 배우는 경험엔 어떤 색다른 재미가 있는 걸까? 교사 윤애경과 신선웅은 재미의 반전과 깊이를 체감한 몇 가지 장면을 기억한다. 한 해 자몽 프로젝트를 마무리하며 한 청소년에게 "내년엔 또 뭐 배우고 싶어?"를 묻자 의외의 대답이 돌아왔다. "○○과 같이하고 싶어요!" "△△ 선생님하고는 뭘 해도 좋을 것 같아요." 뒤통수를 한 대 맞은 기분이었다. '무엇'이 아닌 '누구'와 '어떻게' 만나는지가 훨씬 더 중요할 수 있겠구나! 누군가 그림을 좋아한다고 해서 그림 수업을 개설했는데 정작 그 수업을 택하지 않았던 일, 좋아하는 교사의 수업이 인원 부족으로 폐강 위기에 놓일까 봐 해당 과목을 '선택해 주는' 흥미로운 사건 등이 그래서 벌어질 수 있었다. 재미가 단순히 개인의 취향이나 솔깃한 아이템 차원의 문제가 아님을 발견하는 과정이 지난 자몽 3년이었다. 재미를 깊어지게 하고, 유지시키는 건 결국 '관계'였다. 해를 거듭할수록, 개설되는 과목의 가짓수를 유지해야 한다는 부담을 내려놓았다. 그보다는 청소년들에 대한 이해를 바탕으로 수업을 진행할 수 있는 학과 교사들을 확보하는 데 초점을 맞췄다. 3년 차였던 2017년, 문화예술 수업은 6가지로 줄었지만 교육과정 전반에서 '더불어'의 가치를 경험할 수 있도록 수업들을 재조직했다. 기존의 자서전 수업은 타인의 삶을 기록하는 평전 쓰기를 병행했고, 공동체 수업으로는 합창을 신설했다.

자몽 이전과 이후 크게 달라진 모습 중 하나가 캠프를 학기의 고정 프로그램으로 배치했다는 점이다. 횟수와 숙박 기간도 점차 늘려 나갔다. 20명 넘는 교사와 학생이 한데 모여 부대끼는 사나흘은 결코 만만치 않다. 관장 김선옥이 교사들의 '번아웃'을 걱정할 만큼 준비 과정에도 많은 에너지와 품이 든다. 그러나 교사 김학준은 "1달의 교육보다 3일간의 동거가 훨씬 더 큰 영향을 미친다"며 동료 교사들을 설득했다. 캠프의 중심 목표는 "온전히 나를 드러내고 관계를 맺는"데 있다. 평소 삐걱거렸던 관계가 있으면 교사들이 좀 더 눈여겨보고 집중해서 돌본다. 학교에 온 지 얼마 안 된 이들에겐 서먹함을 해소하는 계기가 된다. 캠프 중에 긴장이 불거지거나 싸움이 나면, 화난 이유를 격하게 털어놓는다. 화해로 곧장 이어지진 않더라도, 적어도 서로가 무엇에 예민한지 이해하려 노력한다. 캠프로 시작을 연 학기와 그렇지 않은 학기의 분위기가 사뭇 달랐다. 온전히 서로에게만 집중한 압축적 시간은 관계의 질을 변화시켰다. 청소년들끼리 서로 챙기고 이끄는 분위기가 형성될 뿐만 아니라 교사와 나누는 대화의 차원도 달라졌다.

캠프가 단단한 시작을 여는 자리라면, 한 해를 마무리하는 발표 무대인 '나 박람회'는 수확의 축제다. 늘푸른의 한해살이를 응원하러 온 60명 남짓의 사람들이 객석을 채운다. 문화예술 수업 때 배운 악기, 춤, 노래 등을 무대에서 직접 공연하고 사진, 그림, 자서전 등의 창작물은 별도로 전시한다. 전시물 옆엔 관객들이 직접 메시지를 써 붙일 수 있는 쪽지가 놓인다. '나 박람회'가 별것 아닌 것 같아도 그날이 가까워 올수록 청소년들의 "작가 감성"이 터져 나온다. 2017년 말, 두툼한 자서전 한 권을 완성한 김정은은 '나 박람회'를 앞둔 며칠 동안 교사들이 퇴근할 무렵까지 학교에 남아 글을 썼다. 계속 쓸수록 "미련"이 남아 내내 붙들고 작업했다. 무엇보다 자신의 글을 다른 사람들이 "내 마음처럼" 읽어 주길 바랐다. "저도 어렸을 때 이랬어요." "저랑은 다르게 극복하셨네요?" 전시가 끝난 후 붙어 있는 익명의 쪽지들을 보며 '이 사람 이야기는 뭘까?' 궁금해졌다. '나처럼 힘든 사람은 없을 거야'라는 생각이 다른 친구들의 자서전을 읽으면서 달라졌다. '나만 우울한 게 아니구나. 얘도 나처럼 이랬네?' 친구들과 서로 나누고 싶은 말이 많아졌다. 매해 자서전 수업을 담당한 교사 신선웅은 '나 박람회'가 "삶을 나누는 무대"가 되길 기대하며 이 자리를 준비한다. 자신의 삶을 타인과 공유하는 과정은 힘들고 부담스럽지만, 그 시간을 견디고 해냈을 때의 뿌듯함, "뽕 맞음"이 늘푸른에서 길어 올릴 수 있는 재미다.

#3 늘푸른이 조직하는 일상: 사소하게, 솔직하게, 차곡차곡

시작과 마무리 사이엔 무수하고, 평범한 일상이 있다. 청소년들의 삶의 불안정성은 학교 운영에도 고스란히 영향을 미친다. 등교 시간이 들쭉날쭉한 경우는 다반사고, 출석 자체가 띄엄띄엄 불규칙한 이들이 많다. 한 번 학교 왔다 3개월 뒤에야 다시 얼굴을 보게 되는 이들도 있다. 일사불란, 규칙, 질서와는 한참 거리가 멀다. 전통적인 학교 풍경에 익숙한 사람들에겐 '개판 5분 전'처럼 보일 수 있지만, 그래도 늘푸른의 일상은 굴러간다. 정확히 말하자면, 일상을 굴러가게 만드는 힘이 있다. 이 힘을 특정 프로그램, 수업, 이벤트로 설명하긴 어렵다. 호들갑스러우면서도 진중하고, 친한 척하지 않되 친근한 만남이 끊임없이 이어진다. 뚝뚝 짧은 호흡으로 끊어지기 쉬운 단속적 만남에 지속성을 부여하는 건 늘푸른이 관계를 조직하는 방식 자체다.

"선생님들이 뭐 하는지도 모르겠고, 얼굴도 안 보이고 답답해!" 서울 서교동에서 신림동으로 학교를 이전한 지 얼마 되지

'나 박람회' 발표를 앞두고 있다.

않아 청소년들이 불만을 터뜨렸다. 다음 학기 시작 전, 교무실 중앙에 팀별로 삼삼오오 모여 있던 책상 배치를 과감하게 흔들었다. 양 옆으로 책상들을 줄지어 나열하고 한가운데 길고 너른 테이블을 뒀다. 그러자 교무실이 쉬는 시간, 점심시간마다 교사와 학생이 뒤섞여 바글바글 모여드는 환대의 장소가 됐다. 예전에 다니던 학교에선 교무실로 "불려 가는" 게 무척 싫었던 김정은은 늘푸른의 교무실을 "만남의 광장"이라 부르고, "선생님들은 일하는 곳이지만 우리에겐 쉬는 곳"이라 설명한다. 교무실에서 대단한 걸 하는 건 아니다. 정은의 표현에 따르면 "진짜 사소한" 대화를 나눈다. "어제 늦게 자서 오늘 아침에 일어나기 진짜 힘들었어요." "그래도 왔네? 잘 왔어~." "정은아 뭐 해? 간식 먹자!" 새로 입학한 청소년이 있으면, 그 자리에서 서로 소개도 나눈다. 가위바위보로 설거지 몰아주기나 아이스크림 내기를 할 때도 있다. 처음 교무실에 갔을 땐 누구를 불러야 할지 몰라 망설였는데, 지금은 "사소한 것들이 쌓이면서" 반갑고 보고 싶은 얼굴들이 생겼다. 교무실 구조가 바뀌자 교사들도 "물꼬가 트인" 느낌을 받았다. 서로 고민을 나누고 말을 섞는 시간이 훨씬 많아졌다.

"문턱 없는 교무실"도 그렇지만 교무실 옆 흡연 공간만큼 늘푸른의 관계 철학을 잘 보여 주는 곳도 없다. 청소년들이 이곳에서 가장 사랑하는 공간이 어딜까, 거길 갈 때 교무실을 들렀다 가면 좋겠다는 발상의 결과였다. "왔다 갔다 하면서 인사 한 번 더 하고, 표정이 안 좋으면 말이라도 한마디 더 걸 수 있는" 최적의 동선이었다. 교사들의 마음은 그렇다 쳐도, 청소년들은 부담스러워 흡연 공간에 가길 꺼리지 않을까? 교사와 눈이 마주치면 살포시 담배를 가리는 경우는 있어도 숨어서 피우는 이들은 없다. 담배를 피우다 청소년들 사이에 시비가 붙기도 하고 싸움도 종종 일어난다. 이상기류가 감지되면, 교사가 "링 만들까? 치고 패고 싸워?" 은근슬쩍 개입하기도 한다. "아니에요. 저희끼리 해결할게요." 누군가 지켜보고 있다는 게 팽팽했던 긴장과 압력을 누그러뜨리는 효과를 낳기도 한다.

청소년 교육 기관에 흡연 공간이 있다는 사실 자체를 의아해하는 사람들도 있다. 담배를 금지한다고 정말 담배를 안 피울까? 그건 아니었다. 숨어서 피우거나 담배 피운다는 사실을 들키지 않기 위해 교사와의 대화나 만남을 주저할 뿐이었다. 학교에서 흡연이 가능하다는 것만으로도 입학 상담 온 청소년들의 마음이 훌쩍 열린다. "여기 담배 피워도 된다고요?" 자기 의지로 왔을까 싶은, 당장이라도 싸울 기색이 역력한 표정을 짓던 청소년의 얼굴에 온기가 돌기 시작했다. 긴장되고 낯설어 담배 한 대 피우고 싶은 마음을 알아차리는 사람을 만나자 입학을 위한 초기 면접이 거의 심층 상담처럼 흘러가는 일도 일어났다. 아이스 브레이킹은 물론이고 본격적인 인생 이야기까지 듣는 시간이 됐다. 강제와 금지를 내려놓자 솔직한 만남의 가능성이 열렸다.

늘푸른에는 교사와 학생이 서로 싸우거나 협상하는 일은 있어도, 교사가 학생을 혼내거나 벌주는 일은 없다. "결론을 빨리 내려고, 시간을 단축하려고 누군가 일방적으로 힘을 쓰는" 게 후자의 방식이라고 교사 윤애경은 생각한다. 바로 그 일방성에 상처받다 이곳에 온 청소년들과 그렇게 관계 맺을 순 없었다. 교사 스스로 "가면을 내려놓고" '교사 대 학생'이 아닌 '인간 대 인간'으로 대화를 나누는 과정이 중요했다. 싸움과 협상의 소재는 시시콜콜하다. 실내화 착용, 청소 횟수, 캠프 휴식 시간 공지 등을 둘러싼 이견이 감정 다툼으로 번진다. 서로 의가 상하고 삐친 채로 시간이 꽤 흐르기도 한다. 그러나 상황을 납득하고 감정을 푸는 각자의 속도를 인정하는 게 첫째였다. 더뎌 보여도 조바심 내지 않고 기다릴 때, 마음 터놓고 이야기할 출발선에 설 수 있었다. "이런 상황에서 나는 이런 느낌이었어." "내가 내 역할을 못 한 건 미안해." 때때로 교사로서 "치부가 까발려지는 듯한" 느낌에 눈물이 날 만큼 힘들 때도 있다. 그러나 '교사니까 ~ 해야 한다'는 사회가 요구하는 역할의 가면을 하나둘 내려놓을수록 청소년들과 맺는 관계는 차곡차곡 더 튼실해졌다.

#4 위치의 역전: 청소년 중심성 만들기

2017년 '나 박람회' 전시에는 아주 독특한 자서전이 하나 출품됐다. 중간중간 공백기도 있었지만 학교를 5년 남짓 다닌 청소년 김소리가 교사 윤애경의 인생 구술을 듣고 평전을 썼다. 윤애경에겐 "내 이야기를 소리가 듣는 게 어색치 않고, 소리 이야기를 내가 듣는 게 어색치 않은" 구술 과정이었다. 김소리는 평전 분량의 절반을 윤애경의 기억과 생각들을 공들여 정리하는

데 할애했고, 나머지 절반엔 윤애경에게 보내는 자신의 조언을 기록했다.

"현재의 선생님은 저한테 늘 '조금은 쉬었다 해', '욕심 부리지 않아도 돼'라는 말을 하면서 정작 선생님은 항상 바쁘고 욕심 부리는 것 같아요. 선생님도 조금 천천히!"

"(선생님은 정답이 없다고 생각하시지만) 저는 정답이 있다고 생각해요. 정답이 없어도 정답이 있다고 생각해야지 앞으로 나아가는 게 조금 수월해지는 것 같아요. 저도 저만의 주관, 가치관이 생기는 날이 오지 않을까요?"

- 김소리(2017),《내게 해 주셨던 이야기, 이제는 내가 드리는 이야기》, 관악늘푸른교육센터

김소리는 프롤로그에서 독자들에게 당부한다. 윤애경의 색다른 모습을 평전에서 발견하길 바란다고, 앞으로의 윤애경의 삶을 응원하고 궁금해했으면 좋겠다고. 교사에게 조언을 건네고, 교사를 보살필 줄 아는 학생의 존재는 우연이 아니다. '위아래'로 만나는 사람들 사이에선 상호 돌봄이 있을 수 없다. '나란히' 서려는 존재들만이 서로 기꺼이 기댈 수 있다. 가정, 학교, 일터, 거리에서 '갑질'을 숱하게 감당했던 청소년들이, '나란한 상태'를 별로 겪어 본 적 없는 이들이 늘푸른을 찾아온다. '자유롭다',

'동등하다'는 감각 자체가 굳어져 있기 쉬운 이들을 늘푸른은 어떻게 선택과 권한의 영역으로 초대할까?

교사 김학준은 청소년들에게 "만만하고 까기 쉬운 어른"으로 다가가려 노력한다. 교사들의 팀장인 윤애경은 청소년들 앞에서 제일 "깐죽대고 징징거리는" 교사다. 어딘가 가볍고, 부족해 보이고, 어설픈 어른을 '까면서' 청소년들은 위치 역전의 맛을 느낀다. "나보다 훌륭한 사람이 없네?" 결정을 통보받는 '을'의 위치에 익숙한 이들이 자신을 선택의 주체로, 상황에 영향을 미치는 주체로 느낄 수 있는 소소한 교육적 장치들을 만드는 게 교사들의 역할이다. "나는 그거 몰랐는데 어떻게 알았어?" 청소년들의 작은 반응을 놓치지 않고 의미를 부여하고, 인정하고, 확대한다. 정해진 틀 없이 매주 1회 진행하는 수다회는 청소년들의 의견과 제안으로 채워지는 시간이다. 재미없다 어깃장 놓는 이가 있으면 "네가 준비해 봐~" 하며 역으로 더 부추긴다. 지나가듯 툭 제안한 내용이 실제 프로그램으로 진행되면 거기서 재미를 느끼고 참여가 더 활발해진다. 수다회는 공간 운영 회의 성격을 띠기도 하는데, 청소년 김정은은 학교에 처음 왔던 날 "너는 여기 쓸고, 너는 여기 닦아!" 지시하지 않고, "청소를 언제 하고, 어떻게 나누고, 어떤 방식으로 할까?"를 묻는 교사를 보고 신기하다는 생각을 했다. 여기저기 청소년들의 의견이 속출하고, 처음 온 정은에게까지 의견을 묻는 것도 신선했다. 수업을 선택하

'나 박람회'에서 전시 중인 청소년들의 자서전

고 스스로 시간표를 짤 때도 마찬가지였다. 처음엔 '왜 나한테 선택하라고 하지?' 의아했는데, 의견이 실제로 반영되는 경험을 반복하면서 이제는 "이거 무슨 수업이에요? 뭐 배우는 건데요? 이거 배우고 싶어요"를 말하는 게 자연스럽다. 정은이 제안한 만들기 수업에 교사들이 들어와 함께 배우고, 수업에 대한 의견을 나눴을 땐 정말 "같이한다"는 느낌을 받았다.

"어른들이 그림을 다 그려 놓으면 청소년들은 믿지 않는다." 판을 깔고, 자리를 여는 건 주로 교사들이지만, 그 안을 채우는 건 청소년들의 몫이다. 함께 기획한 행사 날짜가 성큼성큼 다가오는데 학교에 도통 청소년들이 나타나지 않을 때 '어쨌든 믿고

해 봐야지'와 '이번엔 퀄리티도 없고 완성도도 없는데 어쩌지?'
라는 마음이 교사들 사이에 수시로 오간다. 그래도 무대는 열리
고, 청소년들은 무대에 오른다. 3분짜리 음악의 안무를 1분밖에
배우지 못한 '몸치 친구'가 나머지 2분을 즉흥 창작 댄스로 채워
넣을 때, 교사 김학준은 "이게 진짜구나" 싶었다. 준비된 각본
은 교사들이, 어른들이 "보고 싶은 그림"이다. "각본 이후"가, 자
기도 모르게 즐기며 만들어 낸 즉흥적 2분이 "훨씬 위대해" 보
였다. 의도를 넘어선, 기준을 벗어난 순간 자유가 움튼다. 늘푸
른의 네 가지 자립 철학도 그렇게 만들어졌다. "책임 없는 도전,
근거 없는 신뢰, 제한 없는 지원, 평가 없는 표현"은 무언가를 채
우는 게 아닌 비우기를 지향한다. 그 빈자리에서 오히려 청소년
들이 스스로 설 수 있는 자리가 열린다. 자립과 자유는 결국 다
른 말이 아니었다.

#5 예측 불가능과의 '씨름': 교사들은 무엇으로 살고, 버티고, 즐길까

"어떻게 늘푸른처럼 해요?" 다른 기관의 실무자가 물어올 때,
교사 신선웅의 대답은 늘 "서로 솔직해져야 해요"로 끝을 맺
는다. 원래부터 인권 의식이 투철하거나 능력이 출중한 사람들
끼리 모인 조직이 아니다. 오히려 완벽함을 추구하려는 사람일
수록 늘푸른에선 버티기 힘들다. "별걸 다 해 봤어! 근데 여기선

안 먹혀." 2010년 진로 수업으로 늘푸른의 청소년들을 처음 만났을 때 신선웅은 자기 한계에 직면했다. 수업을 제때 시작하는 것도, 그날의 진도를 100% 나가는 것도 불가능했다. 미리 짜 놓은 커리큘럼은 헝클어졌다. '억지로 할 수 있는 건 없구나.' 포기에 가까운 심정으로 바닥을 치고 나니 "그럼 뭐는 통할까?" 질문이 샘솟았다. 수업 내용을 비우고, 채우고, 다시 시도해 보면서 청소년들과 "맞아떨어지는" 순간을 조금씩 만들어 갔다. 그렇게 고민하며 지금까지 왔다. 여기까지 혼자 도착한 건 아니다. 곁을 내주고 지켜 준 "빈틈투성이" 동료들이 있었다. "내가 못하는 걸 못한다고 말하는 게 참 어렵죠." 그러나 서로의 한계로부터 시작해 같이 고민하고, 보완하고, 돕지 않으면 이 공동체는 유지되기 어려웠다. 빈틈이 누군가를 무시하고 밀어낼 명분이 아니라 "빈틈이 있기 때문에" 서로 기댈 수 있다는 신뢰를 쌓는 데 많은 에너지를 투여했다.

"왜 이렇게 돌발 상황이 많아요?" 예측 불가능과의 '씨름'이 늘푸른 교사들의 피할 수 없는 운명이다. 일괄적인 매뉴얼을 정하기 어렵고, 만들어 두어도 큰 의미가 없다. "너무 주먹구구식으로 운영하고 있지 않나?" "최선을 다하지 않고 내버려 두는 건 아닌가?" 경계와 불안의 목소리가 교사 내부에서 흘러나오기도 한다. "문제가 있는 게 눈에 보이는데 그것에 대해 질문하지 못하고, 대안을 생각할 여유도 없고, 그래서 돌파구를 만들어 내지 못할 때"교사들도, 청소년들도 굉장히 힘들어한다. 그러니 더욱 상황'마다' 고민하고, 대안을 찾을 수 있는 여건의 조성이 중요했다. "여기선 뭘 해 봐도 된다는 걸 깨닫고 나서부터 재밌어졌다"는 교사 김학준의 말처럼, 법인이나 기관장의 자의적 개입 없이 교사들이 판단하고 시도하고 수정할 수 있는 "열린 조직"을 지향한다. "우리 중에 한 사람만 정신 차리고 있으면 돼." 지쳐서 방전된 사람이 호흡을 가다듬고 복귀할 수 있도록 서로 역할을 커버해 준다. 담임 제도가 기본적으론 있지만, 1명의 청소년을 1명의 교사가 꼭 담당하는 것은 아니다. 서로 간의 '합'이 맞지 않고선 역할을 유연하게 주고받을 수 없다. 그때그때 부단히 소통하는 습관이 형성될 수밖에 없고, 바로 이 지점에서 매뉴얼 없이도 늘푸른 버전의 일관성이 만들어진다.

늘푸른에서 변화를 겪는 건 청소년들만이 아니다. "교사가 이곳에서 재미를 느껴야 청소년들도 재미를 느낀다." 자신이 살고자 하는 모습대로 청소년들을 만나려 노력하고, 자신도 실천할 수 없는 걸 청소년들에게 요구하지 않는다. "어떻게 살아야 더 재밌고, 행복할까?"를 함께 질문하고, 잠정적인 해답을 찾는다. 교사들은 보이지 않게 노력을 기울인다고 생각하지만, 청소년들은 이미 알고 있다. "우리 눈에도 다 보인다." 늘푸른에서 보낸 시간은 청소년들에게 "생각하지 못한 선물" 같고, "소중하다는 단어"를 마음속에 남기고, "새로운 시작"을 뜻하기도 한다. 때로는 학교가 "망할까 봐" 걱정하며 애정을 드러낸다. 늘푸른이 청소년들에게 특별한 곳으로 끝까지 남길 바라지 않는다. 어디서든 마땅히 존중을 경험할 수 있어야 하므로. 그러나 지금, 이곳이, 청소년들에게 각별한 공간임은 분명해 보인다. 늘푸른 관계의 숲에 놀러 온 누구나, 신나게 헤매며, 오늘 하루를 충실히 살아가길 응원한다.

| 늘푸른을 함께 일군
| 교사들의 이야기

자서전 수업이 만드는 역동

신선웅 진로 교사를 하면서 제 역할은 좋은 진로를 찾아 주는 것도 아니고, 뭘 가르치는 것도 아니고, 좋은 질문을 주는 것밖에 없다는 것을 깨달았어요. 이것이 고스란히 자서전 수업으로 연결됐죠. 수업 시간에 자기가 고른 질문에서 자기 이야기를 써내고, 마지막엔 그날 쓴 글을 자기 목소리로 읽어요. 못 읽으면 다른 사람이 대신 읽어 줘요. 그렇게 소통하는 시간을 계속 가지니까, 사실 너무 힘들어요. 자기 삶을 들여다보는 것도, 글을 완성하는 것도, 공유하는 것도 힘들어요.

막연하게 자신의 삶을 머리로만 생각했을 때는 암울하고, 불행하고, 억울하고 그런 일들로 가득 차 있었지만, 실제로 자기 삶을 글로 정리해 보면 꼭 그렇지만은 않다는 것을 친구들이 많이 발견하는 것 같아요.

저는 늘 "이거 하자", "저거 하자"라고 하는 게 아니라 "이걸 어제 봤거든? 이 글 말도 안 되게 좋더라? 어떻게 이렇게 잘 쓰니? 근데 나는 너희 목소리로 듣는 것이 더 좋았던 것 같아. 교실에서뿐만 아니라 '나 박람회'에서도 해 줬으면 좋겠어!"라고 말해요. 그러면, 청소년들은 말하고 있는 신선웅의 목소리를 들어요. "이거 해!"라고 하면 저 같아도 감동도 없고, 의미도 없을 것 같아요. 그런데 자신의 삶을 자신의 목소리로 말했을 때 타인이 어떻게 듣는지 의미를 알고 깨닫고 무대에 서는 것은, 어떤 의미인지 알고 서는 것이기 때문에 힘이 있죠.

"평가 없는 표현, 책임 없는 도전, 근거 없는 신뢰, 제한 없는 지원"
자립 철학 탄생 배경

<u>김학준</u> 청소년기가 인생으로 보면 연습장이라고 생각했어요. 그런데 왜 연습장을 잘 못 쓸까? 아, "이런 건 낯설잖아?"라고 누군가가 평가했구나. 그럼, 표현하려면 평가가 없어야겠구나 생각했어요. 자몽 수업에서는 '잘했어', '못했어' 평가하지 않아요. "그냥 너를 드러내면 돼"라고 해요. 몸치가 춤을 추고, 음치가 노래를 부르죠. 그게 너무 좋은 모습이었어요.

그 다음은 도전. 저희가 캠프 때 산을 다녀요. 근데 산을 다 못 타고 중간에 되돌아가는 이들이 있어요. 제주도 프로젝트 때, 제가 사려니숲길 10km 걷기를 제안했다가 학교에서 고집쟁이로 비판받았어요. (웃음) 다들 못 할 거라고 했죠. 근데 걷더라고요! "이걸 못하면 책임져야 해!"라고 했으면 저는 도중에 접었을 것 같아요. 근데 그러지 않아도 되니까 가 보고, 해 보는 거죠. "못 하면 그냥 돌아와"라고 말해요. 한라산 못 간 이들이 더 멋진 오름을 보고 오기도 해요. 방향을 바꾸면 되는 거죠. 도전에는 성공과 실패가 있는 것이 아니라 시작과 마무리만 있을 뿐이죠.

그리고 또 신뢰. 애경 샘한테 물어봤어요. "근거 없이 정말 신뢰할 수 있을까? 우리가 진짜 그래?" (웃음) 이것은 현실이라기보다 이상에 가깝긴 한데요. 그래도 가능한 부분이 있지 않을까요? 이걸 계속 추구하다 보면 딱 하나, '청소년' 하나만 남지 않을까 싶어요. 존재만으로도 주어질 수 있는 신뢰인 거죠.

마지막으로 제한 없는 지원. 정부 정책에서는 성매매 피해자 1명당 최대 지원 한도가 있다고 들었어요. 답답한 거죠. 그 금액을 들으면서 어떻게든 한 사람을 그 금액 안에서 '쇼부' 쳐야 하는구나, 생각했어요. 뭘 배우든, 고시원을 구하든, 먹고사는 기술을 배우든 이걸 미리 알고 시작하면 얼마나 막막할까? '나 아무것도 못 배웠는데 200만 원밖에 안 남았네' 하는, 그런 조바심이 생길 것 같았어요. 행여나 제한이 있더라도, 그걸 보여 주는 순간, 마음이 다칠 수 있겠구나, 이게 더 역효과가 있겠구나 싶었어요. 그래서 모아 봤더니, 평가 없고 책임 없고 근거 없고 제한 없는 것이 우리의 철학이 된 거죠. 그동안 이런 평가와 제한 같은 것들을 우리가 많이 자행해 왔다는 것도 깨달았어요. 그러면 반대로 네 가지만 남기면 되겠구나. 도전하고, 믿고, 지원하고, 표현할 수 있게.

인턴십 센터와의 통합, 그리고 기본소득 실험

윤애경 처음에는 우리도 관계적, 정서적 자립 그리고 청소년이니까 교육을 시켜야 한다는 생각에 학교를 열었어요. 그런데 지금 그걸 생각할 여유와 겨를이 없다는 청소년들을 많이 만났어요. 이들은 당장 오늘 하루를 살아야 하는 상황이고, 경제적 안정이 엄청 중요한 숙제인 거죠. 그런 조건에서 "너네 왜 돈 벌어? 청소년이니까 공부를 해야지. 청소년이니까 성인들이 시설에서 보호해야지"라고만 청소년을 바라보는 것은 한계가 있다는 것을 깨달았어요. 이러한 문제의식으로 법인에서 2013년에 인턴십 센터를 시작했어요. 운영해 보니, 학교에 오는 이들은 여전히 차비가 없어서 학교에 못 나온다고 하고, 삶에 위기가 생기면 학교를 중단하고, 그 다음으로 나아가지 못하는 아쉬움이 있었어요. 인턴십 센터에서는 청소년들이 공장이나 작업장에서처럼 일해서 돈을 벌고 하루 겨우 살 돈을 가져가면서도, 이 친구들에게는 미래를 꿈꾸고 싶다는 마음이 있었어요. '나도 검정고

시를 준비해야 하는데……', '나도 진로를 생각해야 하는데……' 이런 고민들이 있지만, 그걸 해결해 주지 못하는 한계가 있어서 신림동으로 공간 이전을 하면서 학교와 인턴십 센터를 합쳐 보았어요. 그렇게 통합해서 한 공간에 있긴 하지만, 수업을 듣는 것과 돈을 버는 것 사이에서 걱정 없이 스스로 선택할 수 있는 구조는 아니라는 생각이 들었어요. 자기 삶의 주인으로, 주도권을 갖고, 자기에게 필요한 것들을 선택하게 해 줄 수 있는 방법은 뭐가 있을까? 경제적 고민 없이 그냥 출발점에서 원하는 것을 선택할 가능성을 열어야 하지 않을까? 그러려면 경제적 안정을 무조건 제공해야 한다는 생각에 이르렀어요. 그래서 기본소득을 도입해 보려고 하는 거예요. 어떻게 운영해야 할지 피 터지게 고민 중이에요. (웃음)

| 늘푸른을 함께 만든
| 청소년의 이야기

늘푸른의 일상

　김정은 선생님이랑 제자가 소통하는 게 많아요. 일반 학교에서는 질문을 하면, "쉬는 시간에 질문해", "나중에 질문해" 그러잖아요. 궁금한 것도 못 물어봐요. 시간표도 저희가 짠 게 아니고, 듣고 싶지 않아도 강제로 꼭 들어야 하고요. 시험도 보고, 등수도 매기고요. 계속 그런 식으로 평가받는 것도 너무 싫고요. 수업 방식 자체가 선생님 혼자서 설명하고, 이해했는지 묻지도 않아요. 여기에서는 "궁금한 게 있니?"라고 저희한테 물어보고 뭐가 어렵다고 하면 "그럼 이렇게 해 볼까?"라고 해요.

　학교에서뿐만 아니라 밖에서도 선생님들과 종종 연락을 해요. "오늘 학교 올 거야?" 물어보고, "오늘 일찍 자. 그래야 학교 빨리 오지

~" 이런 식으로 대화해요. 보통 학교 교사들은 이런 식으로 안 하지 않나요? 늦게 오면 혼내고, 아니면 그냥 엄마한테 연락하잖아요. 여기 선생님들이 "일찍 자야 오지~" 이렇게 말하는 게 충격이었다고 해야 할까? 진짜 특이하다고 생각했어요. 선생님들이 계속 연락해 주시고, 학교 오면 "왜 이렇게 오랜만에 왔어~"라고 얘기하시니까, '아 그럼 잘 나와야겠다'라는 생각도 들고. 그렇게 진짜 사소한 것들? 학교에서 선생님들 만나면 그냥 인사만 하고 지나가는데 여기서는 서로 반기고, 얘기하고, 상담도 하니까요. 친해지니까 선생님들 더 만나고 싶고, 대화하고 싶고. 그래서 학교도 더 잘 나오게 되는 것 같아요.

청소도 내가 쓰는 공간이니까 내가 한다고 생각한다고 할까요? 선생님들이 "애들아 이거 치워" 이런 소리 잘 안 하세요. "책상이 너무 지저분하니까 수업 끝나고 자기 자리는 자기가 치우자" 이 정도로 조회 때 말씀하세요. 애들 중에 까먹고 그냥 가는 애들이 있어요. 그러면 친구들이 서로 "야, 네 앞자리 네가 치워" 이런 식으로 말해요. 그래서 선생님들이 굳이 잔소리하지 않아도 청소해야 한다는 생각이 친구들 머릿속에 있어요. 굳이 쓴소리를 교사들이 안 하는 상황이 만들어지는 것 같아요, 이제는.

나에게 자서전은……

김정은 처음 2시간 정도는 뭘 어찌해야 할지 모르겠고 '어떻게 시작하지?' 싶었어요. 근데 다른 애들이 먼저 쓰고, 한 편씩 발표하는 시간이 있었어요. 다른 친구들 쓴 거 들어 보고 '어? 저런 식으로 쓸 수 있네? 나도 해 볼까?' 하면서 시작한 게 '내가 제일 좋아하는 순간'을 쓴 거예요. 그걸 쓰니까 더 길게 쓰고 싶고, '내가 이럴 때 이랬지' 기억을 회상하는 게 재밌었어요. 열 편이 아니라 더 많이, 길게 쓰고 싶고. 그런 생각이 들 정도로. 제가 살면서 솔직히 과거를 회상한 때가 별로 없었어요. 딱 이렇게 시간이 주어져서 회상을 하니까, 가족이랑 행복했던 시간도 떠올리고, 글 쓰면서 웃고, 재밌고 그랬어요. '나 박람회'에서 발표할 때도 처음에는 부끄럽고 어떻게 얘기하지 싶었어요. '하다가 우는 거 아니야?' 걱정했고요. 그랬더니 샘들이 울어도 괜찮고, 잘 못해도 괜찮고, 자기 것은 자기가 발표하면 좋겠다고 하셔서. 그래서 저는 제가 쓴 글을 제가 사진 찍어 가서 집에서 연습도 해 봤어요. 집에서는 잘되는데, 자꾸 스테이지 조명 아래 딱 서면 눈물이 나올 거 같았어요. 엄마가 보는 것 같고요. 무대에서 결국 눈물이 났고, '안 울었으면 좀 더 잘 읽었겠지?' 생각도 들었어요. 이번에 또 자서전을 쓰게 되면, 전에 못 썼던 것들을 다 쓰고 싶어요.

'EXIT 홀릭 Exit-holic'이 생겨나는 사연

움직이는 청소년센터 EXIT

배경내

"뭔가 되게 깊이 도와주는 게 있어."

"맞아. 일부러 해 주려고 하지 않아도, 물론 해 줄라고 하지만, 우리가 자연스럽게 기대게 돼."

움직이는 청소년센터 EXIT(EXIT)의 청소년, 수민과 다원의 이야기다. 한두 해 전, 처음 찾아갈 때만 해도 그냥 '밥 주는 곳', '잘 데 없으면 재워 주는 곳' 정도로 알았다고 한다. '뭔가 깊이 도와준다.' 짧지만 강렬한 한마디였다. EXIT의 무엇이 청소년들에게 이런 마음자리를 일구게 한 것일까.

#1 떠들썩한 환대의 장소, 버스

EXIT 활동의 상징은 버스다. 없는 것 빼고는 다 있는 버스를 이끌고 경기 안산과 부천의 거리로 청소년들을 찾아 나서기 시작했던 게 벌써 7년 전. 요즘엔 매주 목요일과 금요일에 서울 신림역과 경기 수원역을 찾아간다. 집을 나와 살고 있거나 집 또는 쉼터와 거리의 경계를 오가는 불안정한 삶을 살아가는 청소년들이 버스를 주로 찾아온다. 버스는 청소년들이 EXIT와 만나는 첫 번째 장소이자, EXIT를 통해 다양한 자원, 사람, 기회를 만나고 관계를 맺게 되는 공간이기도 하다.

"와아아아!!!!", "어서 와요. 나는 ○○이라고 해요." 버스를 처음 찾아간 사람이라면 무엇보다 활동가들의 떠들썩한 환대에

거리를 지키는 EXIT 버스

눈과 귀가 쏠린다. 처음에는 왜 이리 호들갑인지 어색했다던 청소년 수민은 이 떠들썩함에 어떤 뜻이 있지 않았을까 짐작했다. "제가 무겁게 받아들일 수도 있으니까 그걸 풀어 주려고 그랬던 것 같아요." 아르바이트가 끝나는 밤 10시 무렵, 배고픈 친구들과 밥 먹으러 찾아간 곳이 버스였다. 밥 얻어먹으러 간다는 게 "좀 쪽팔렸다"는 수민은 이 떠들썩한 인사가 어색하면서도 그 덕분에 마음이 편해지기도 했다.

버스의 '밥'은 EXIT가 청소년들을 어떻게 대하는지 잘 보여 준다. 다른 이동 쉼터에서 일할 때 '밥하는 데 시간, 돈 낭비 말고 애들한테 초코파이나 즉석 밥이나 주라'던 팀장의 지시에 크게 분노한 적 있었던 활동가 나경은 EXIT에서 청소년과 밥을 나누는 방식에 마음을 빼앗겼다. "요만큼만 먹어!"라며 타박하지 않고, "먹고 싶은 게 뭐야?" 물어보곤 다음에 준비해 가고, 예쁜 접시에 정성껏 담아 주고……. 오가는 사람도, 갑작스레 터지는 사건 사고도 많은 버스에서 활동가들이 매번 밥과 간식을 준비한다는 게 쉬운 일은 아니었다. 설거지만 해도 큰 골칫거리였다. 시험 삼아 3달만 해 보자고 시작했는데 2주 만에 포기하고 싶어졌다. 1달쯤 지났을까. "이 밥이 오늘 첫 끼예요." 늦은 밤 버스에 와서 밥을 먹던 한 청소년의 이야기가 마음에 꽂혔다. 그날부터 아무리 힘들어도 '밥'은 포기할 수 없었다. '한 번 먹는 건데 대충'이 아니라 '한 번이니까 좋은 거 먹게 하자'는 마음으로 밥을 했다. 청소년들이 밥을 얻어먹는 게 아니라 밥 먹을 권리를 당당히 요구할 수 있기를 바랐다. 그저 허기를 때우는 곳이 아니라 식사를 대접받는 버스가 그렇게 만들어졌다.

#2 EXIT의 매력: 재미를 넘어 '내 지분'이 있는 곳

환대라 하면 대개 주인이 손님을 기꺼이 맞아들이는 행위라 생각된다. EXIT의 환대는 다르다. '손님이 아닌 주인'으로서 청소년을 맞이하려는 환대다. 버스에 오는 청소년이 서비스를 '제공'받고 프로그램을 '이용'하고 떠나는 곳이 아니라, 주체가 되어 이 공간 안에서 자기 '몫'을 차곡차곡 쌓아 가기를 바란다. 버스의 공간 배치, 진행되는 프로그램, 버스 이용 약속, 청소년과 나누는 대화 등 버스의 일상 곳곳에 EXIT의 이런 환대의 철학이 배어 있다.

청소년들이 "저기 되게 재미있는 데야" 하면서 친구들을 계속 데려오는 데에는 다 이유가 있다. '별별프로젝트'가 대표적이다. 청소년들이 버스에서 하고 싶은 활동을 직접 기획해서 진행하고, EXIT는 약간의 활동비를 지급한다. EXIT 초창기만 해도 돈이 절실한 가정 밖 청소년들에게 아르바이트 자리를 소개해 주면 되는 줄 알았다. 그런데 불안정한 삶을 살아가는 이들에게 규칙적으로 출퇴근하고 많은 손님들을 응대해야 하는 일자리가 맞지 않았다. 중간에 일을 그만두거나 잘리는 경험이 "청소년에게도 안 좋고 지역 사회 여론에도 안 좋고 소개해 준 활동가들도 난감해지는" 악순환에서 벗어날 방안이 필요했다. '처음부터 끝까지 자기가 맡은 일을 완수하는 경험들이 쌓이고 나면 다른 데서 새롭게 일을 시작하기가 좀 쉽지 않을까?' 궁리 끝에 '별별프로젝트'가 탄생했다. 이름만큼이나 다양한 별의별 프로젝트가 진행됐다. 사이키 조명까지 공수해 와 한밤의 거리에서 진행된 셔플 댄스 강습은 가히 압권이었다. 어떻게 처리하나 늘 골칫거리였던 설거지물을 정수하는 기기도 만들었다. "스물이 넘은 청소년들과 10대인 청소년들이 버스에서 평화롭게 공존할 방안"을 찾다가 만들어진 게 이른바 '노약자석'이었다. 버스 한쪽에 20대가 앉을 공간을 따로 마련하니 10대들이 좀 더 편하게 버스에 들어와 앉았다. '삼촌 지도 그리기' 프로젝트도 빼놓을 수 없다. 청소년에게 숙소와 일거리를 제공하면서 착취적 관계를 맺는 '삼촌'들의 동태는 버스에서 언제나 초미의 관심사였다. 이 프로젝트 덕분에 활동가들은 부천 지역 '삼촌'들의 위치와 관계도를 파악할 수 있게 되었다. "너네 사무실 창고 너무 더럽더라. 내가 청소해 줄게." 바쁜 일상과 누적된 피로만큼이나 먼지와 짐으로 뒤엉켜 있던 사무실 창고가 한 청소년의 제안으로 말끔해지기도 했다.

버스 타고 청소년들과 같이 놀러 가고 싶다는 활동가들의 욕망과 청소년들의 응답에서 시작된 '해변 아웃리치'에서도 반짝이는 아이디어가 자주 출몰했다. 준비팀을 꾸린 뒤 청소년이 팀장을 맡고 활동가들은 자원 활동을 하겠다고 하자, 청소년들의 눈이 "갑자기 반짝반짝"해졌다. 모기 퇴치제 만들자, 비누 만들어 나눠 주자, 물풍선 던지기는 꼭 해야 한다 등 다양한 아이디어가 마구 터져 나왔다. 지원을 받는 사업이다 보니 어떤 청소년이 얼마나 이용했는지 일종의 '실적'을 보고해야 한다. '어떻게 하면 재수 없지 않고 재미있게 간단한 신상과 숫자를 파악할 수 있을까? 굳이 이름을 밝히고 싶지 않은 청소년이 있으면 어떻게 할까?' 머리를 맞댔다. 모두 가짜 이름을 지어 주면 어떠냐는 아이디어가 나왔다. "이름이 초롱이면, 초록은 그린green, 롱은 롱long, 그래서 그린롱!" 재미난 방식으로 외국 이름을 지어 주는 영어 작명소 프로그램이 그렇게 탄생했다. "1박 2일 아웃리치를 준비하기 위해 거의 1달 반가량 준비팀이 운영"됐다. 프로그램별로 청소년 1명과 활동가 1명이 함께 준비를 맡았다. 떠나기 이틀 전에는 아예 사무실에서 자면서 준비하는 청소년들도 있었다. 스스로 기획해 보고 재미있게 놀아 보는 경험을 통해 세상을 배우는 과정이 되기를 활동가들은 소망했다. 그런데 그 과정에서 "활동가들도 청소년으로부터 배웠다". 그래서 더 진짜 공부가 일어났다고 활동가들은 기억한다.

프로그램이나 특별 사업뿐 아니라 일상에서도 EXIT는 청소년들의 이야기를 허투루 듣지 않으려 노력한다. 학교나 가정, 사회에서 밀려난 경험이 많은 청소년들은 '환대'와 '소속(포함)'에 대한 욕구가 상대적으로 강한 편이다. "청소년들이 여기는 내 이야기가 먹히는 곳, 이 공간에 내 자리, 내 지분, 내 역할이 있다고 느끼길 바랐어요." 활동가들이 청소년의 제안을 기억해 두었다 버스 운영에 반영하고, 프로그램을 직접 진행하는 경험을 갖도록 요청하는 이유다. 청소년운영위원회, 청소년 상임 활동가, 인턴 제도에서부터 오늘의 간식 담당, 천막 운영 담당까지 다양한 형태의 멤버십을 고민하고 만드는 이유도 청소년이 자기 지분을 직접 만들어 가기를 바라서다. 몇 달을 준비하고 5박 6일 동안이나 진행된 '4.16기억과행동청소년실천단' 활동이 끝나고 활동가들은 기진맥진 상태였는데, 청소년들의 열기는 오히려 달아올랐다. 내친 김에 퀴어문화축제까지 참여해 보고 싶다는 청소년들에게 EXIT는 '청소년 상임 활동가'로 2달여 일해 볼 것을 제안했다. 2명이 손을 들었다. EXIT는 버스에 자원 활동이나 사회 복지 실습을 하러 오는 이들을 위한 교육 프로그램에 청소년을 강사로 초빙하고 청소년이 직접 강사가 되어 외부 교육에 나갈 수 있도록 지원하기도 한다. 당사자의 이야기가 모든 과정에서 핵심이 되어야 한다고 보기 때문이다. 버스의 한 해 평가가 이루어지는 방식도 마찬가지다. 청소년들이 직접 만족도 조사를 진행하고 버스에 새롭게 필요한 게 뭔지 제안한다. 기관 중심의 일방적 소통을 피하기 위해 버스의 규칙도 최소화하고, 청소년의 이야기를 다른 활동가들과 공유할 때도 당사자의 '허락'을 구한다.

청소년들도 EXIT를 청소년이 주인인 공간으로 여기고 있을까. 인생에서 많은 변곡점을 거치던 시기에 EXIT를 만나 지금은 '내 친구, 내 가족보다 가까운 사이'가 되었다는 청소년 운영위원 다원과 이야기를 나누다 흥미로운 표현법을 들을 수 있었다. "우리가 밥을 제공하잖아요." EXIT가 아니라 '우리'가 주어였다. 자기도 EXIT의 일부 또는 주인이라고 생각하느냐는 물음에 다원은 말했다. "그렇게 생각하는 것 같아요. '우리'가 됐어요. EXIT! 바로 나!"

다원과 똑같지는 않더라도 EXIT의 청소년들은 자기 몫이 있는 이 공간을 저마다의 방식으로 보살피고 함께 지켜 나간다. EXIT에는 다양한 이유로 방문자들이 많은 편이다. 낯선 방문객을 대할 때 어떤 청소년은 '저 사람은 뭔데 여기를 훑고 가냐'며 경계심을 드러내기도 하고, 어떤 청소년은 음료수를 직접 대접하며 호의를 표하기도 한다. 활동가들은 이런 청소년들의 태도를 "이 공간을 지키려고 경계하는 것이든, 내가 할 줄 아는 방식으로 손님을 기분 좋게 하는 것이든, 모두 청소년들이 EXIT에 애정을 드러내는 방식"이라고 해석했다.

#3 버스를 세우다: 다른 세상을 열다

한 활동가의 말마따나 "내가 하면 하루 이틀이면 끝낼" 일을, "내가 그냥 해 버리고 싶은" 일을 왜 군이 수고를 감수하며 청소년과 함께 하는 길을 택하는 것일까. 시작은 단순했다. '청소년을 위한 공간이라면 청소년이 직접 뭔가를 해야 하지 않나?' 고민이 새로운 방향을 낳았다. '일상이 즐겁다 보면 더 힘이 나서 청소년들이 맞닥뜨린 수많은 문제들을 해결하게 될 수도 있지 않을까. 기왕이면 청소년들이 스스로 제안하는 거면 더 좋지 않을까.' 그러면서 "뭐든 해도 괜찮다"는 다짐이 차올랐다. 이런 생각들이 하나둘 쌓이면서 EXIT의 자립 철학으로 다듬어지기 시작했다. EXIT는 그게 무엇이든 '청소년들이 어떤 일을 할 수 있는 상태이자 사람들과의 관계 속에서 서로 존중하며 살아가는 것'을 자립이라 본다. 자립을 어떤 노력과 과정을 거쳐 도달해야 할 '미래의 상태'로 보기보다는 청소년들이 개개인의 주체성을 발휘하는 경험을 쌓아 나가는 지속적인 '삶의 과정'으로 보는 것이다. EXIT를 찾아오는 청소년들은 특히 삶에서 자기 스스로 결정할 기회를 전혀 갖지 못한 경우가 많다. EXIT가 청소년의 자립을 지원하는 기관이라면 EXIT 자체가 자립을 경험하는 마당이 되어야 하는 게 어쩌면 당연했다. 활동가들과 청소년이 단지 친밀한 관계를 넘어 수평적인 동료 관계로 나란히 서는 일도 필수였다.

"얘네는 작은 일도 크게 만들어." 어느 청소년의 말처럼, 활동가들은 청소년들이 일상다반사로 경험하는 사건들과 감정들을 그냥 넘기지 않고 함께 더듬고 같이 해결할 방법을 찾아보려 애쓴다. "내가 대우받기를 원하는 방식으로 청소년들도 대우받았으면 좋겠고, 내 감정을 들여다봐 주는 사람이 있어서 좋았던 만큼 청소년들에게도 그런 사람이 되려고" 활동가들은 노력한다. 때로는 너무 일이 커질까 봐 "청소년들이 활동가들에게 쉬쉬하는 일들"도 생기지만 청소년들이 EXIT를 기존 사회와 다른 어떤 곳으로 여기는 계기가 되기도 한다. '어쩔 수 없다, 네 잘못이다'라고 얘기하는 세상에서 '네 잘못이 아니다, 이렇게 해 볼 수 있다'고 이야기하는 세상이 EXIT를 통해 찾아온다. 버스에 오기 시작한 지 얼마 후 아르바이트를 하다가 임금을 떼인 경험을 얘기했던 청소년 수민은 "자기 일도 아닌데 자기 일처럼 도와주는" 활동가를 만났던 순간을 지금도 잊을 수 없다고 말한다. 'EXIT가 이런 곳이구나. 어려운 일 있으면 서로 도와주고 서로 기대서 살아가는 곳이구나.' 수민은 비슷한 경험을 한 친구들을 버스로 데려와 말했다. "이 사람들, 떼어먹힌 돈 받아 주는 전문가들이야. 다른 사람들이랑은 달라." 뺏고 뺏기는 정글의 법칙이 지배하는 사회에서 만난 사람들과 이곳에서 만난 사람들이 수민에겐 정말 다르게 여겨졌다. 활동가들 역시 청소년이 EXIT에 대해서든, 활동가들에 대해서든, 사회에 대해서든 "잘 요구하는 것이 중요하다"고 생각한다. 청소년들이 감당하기 벅차서 그냥 넘어가는 일들이 EXIT에 오면 중요한 일로 조명받는다. 머리를 맞대다 보니 같이 해결해야 할 '사건'이 된다. 그런 시간에 익숙해지다 보니 활동가들한테도 청소년들이 불만을 제기하는 경우가 잦아졌다. "너네, 인권 인권 하면서 왜 그렇게 꼰대같이 굴어?" 활동가 미혜는 청소년들한테 '욕'을 먹으면서도 기분 좋아라 하는 자신과 동료들을 보며 가슴이 벅차올랐다. "와, 우리가 그렇게 살게 되었구나!"

청소년운영위원회 위촉식

　자립을 바라보는 관점을 바꾸고 나니 '할 수 있다'를 판단하는 기준도 달라졌다. 청소년운영위원회를 운영할 때도 처음에는 시간 맞춰서 회의 오라고 해 놓고선 오지 않는 이들을 기다리는 일이 다반사였다. 기다리는 활동가들에게도, 무엇 때문에 굳이 그 회의를 가야 하는지 아직 이해하기 힘든 청소년들에게도 힘든 시간이었다. 처음에는 운영위원인데 책임감 없이 왜 약속을 지키지 않느냐고 타박하는 마음이 먼저 들었다. 그러다 '청소년이 가진 틀과 우리가 가진 틀이 맞지 않았구나'라는 생각이 들었다. 어느 날 갑자기 누군가는 사는 동네를 떠나고 누군가는 소년원에 가기도 하고, 상황과 위치가 급변하는 청소년들을 보면서 활동가들의 속도와 기준으로 운영위를 운영했다는 반성이 일었다. 틀에 청소년을 끼어 맞추기보다 청소년들의 상황에 맞는 운영위 방식은 없을까. 운영위 개최 주기, 임기, 운영 방식, 권한까지 모든 걸 열어 두기로 했다. 'EXIT 청소년운영위원회는 어떻게 운영되나요?' 그 답은 매년, 매번 변했다. 이렇게 "어떻게 해야 한다는 당위에 마침표를 찍자 도리어 할 수 있는 게 많아졌고 그래서 더 재미있어졌어요".

"진짜 여긴 신세계다!" 자기를 이해해 주는 사람이 아무도 없었던 청소년 다원은 EXIT를 만나고선 자기와 잘 맞는 사람, 이해해 주는 사람, 이해를 못 해도 이야기를 들어 주려는 사람을 많이 만났다. "EXIT엔 '나는 어른이고 선생님이고 너는 학생이고 청소년이다' 이런 느낌이 아예 없어요. 나이를 떠나 서로 배울 수 있다는 걸 알게 되었어요." EXIT는 거리에 그저 버스를 세운 게 아니라 '새로운 세상'을 세웠다.

#4 쿵짝쿵짝, "되든 안 되든 해 보자!"

활동가들 역시 EXIT를 통해 다른 세상을 만났다. '여긴 뭔가 다르다.' '이런 사람들이 있네?' 활동가들도 바로 그런 EXIT의 매력에 이끌려 활동을 시작한 경우가 많았다. 활동가 인성은 EXIT를 알게 되자 사랑에 빠진 사람마냥 야반도주하듯 이곳으로 달려왔다. 갓 입사한 직장까지 그만두고서. "기존에 만났던 어른들은 다 말뿐인 사람들 같았어요. 근데 여기 사람들은 말을 하면 지키려고 하더라고요. 재미도 있고 사람들도 다들 매력적이고. 그때는 확실히 EXIT에 미쳤던 것 같아요."

EXIT가 처음부터 지금 같은 모습을 지닌 건 당연히 아니었다. 의미는 있지만 힘들어 포기하고 싶은 순간도 많았다. 그럼에도 포기하지 않았던 힘은 "그렇게 하는 게 얼마나 힘든지 알아주고 그 의미를 공감해 줄 사람들이 있어서"였다.

사회복지학을 공부하다 '허울뿐'이라고 느꼈던 활동가 나경 역시 EXIT 활동을 하면서 '거리에 진짜가 있다'는 걸 알게 됐다. "나보다 많은 권력을 가진 사람들 앞에서는 제대로 말을 못 하는 경우가 많은데, 거리 청소년들이 권력의 반대편에 있는 경찰 앞에서도 할 말 다 하더라고요. 되게 멋있었어요." 그런데 그런 청소년들이 쉼터에만 오면 주눅이 들었고 쉼터 규정을 근거로 통제를 당했다. 자신도 마찬가지였다. 쉼터에서 일할 땐 자기에게 지시, 간섭, 명령, 코칭하는 사람들이 너무 많았다. 거리에선 자유롭게 청소년들을 만날 수 있었다. EXIT는 활동가인 나경의 자율성도 존중해 주는 공간이었다. 나경이 무턱대고 제안하면, 동료들은 "재밌겠네, 되든 안 되든 해 보자"라고 답해 주었다. "여기선 되는구나." 그 바람에 별의별 걸 다 해 봤다. 하다가 엎어진 사업도 많았지만 실패를 해도 그 의미를 공유하는 시간이 있었기에 힘들어도 이 공간을 떠나지 못하는 이유가 됐다.

새로운 시도만큼이나 버스가 챙겨 가야 할 살림도 늘었다. 늘어난 짐을 보며 나경은 생각했다. "우리가 청소년을 대하는 진정성이 물리적으로 보이는 느낌이랄까."

버스 활동을 처음 기획한 활동가 미혜 역시 '너 하고 싶은 대로 해 봐'라는 법인의 태도가 좋았다. 스스로 결정하고 하고 싶은 걸 하다 보니 책임감도 커졌다. 마찬가지로 다른 활동가들과 청소년들에게도 주도성과 자율성이 중요하다는 걸 알게 됐다. 그 과정에서 "진짜 세상을 만나게" 되었고, 청소년의 삶과도 어떻게 만나야 할지 알게 됐다.

#5 고립감, 무기력과의 사투에서 새로운 길을 찾다

활동가들에게도 어느 순간 무기력이 찾아왔다. 처음에는 위급한 상황에 놓인 청소년들에게 다양한 자원을 연결하고 EXIT를 통해 새로운 세상을 만나면 어느 정도 해결이 가능할 거라 생각했다. 보람이 없지는 않았다. 그런데 개별적 접근 위주로 바쁘게 쫓아다니다 보니 "문제의 근본 원인을 해결하기보다 문제의 결과에만 끌려다니고 다시 새로운 문제가 발생하는" 상황에 매번 놓이곤 했다. 머리를 맞대어 작전을 짜 봤다. 이렇게도 해 보고 저렇게도 해 봤지만 현재의 제도를 통해서는 해결되지 않는 일들이 쌓였다. "활동가들 역시 청소년들처럼 사회로부터 거부당

'4.16기억과행동청소년실천단' 활동은 청소년들이 자기 문제를 사회와 연결시키는 고리를 찾는 계기가 되었다.

하는 경험을 했던 것 같아요. 우리도 이 거리에 외딴 섬처럼 고립되어 있구나!" 그렇게 '멘붕'이 찾아왔다. '밥만 주면 다야? 우리가 할 수 있는 게 아무것도 없는 건 아닌가?' 이대로는 더 이상 활동을 지속하기 힘들 만큼 자괴감도 깊어졌다. 집을 나온 청소년을 만나다 보면 '뭐 이런 부모가 다 있나' 싶지만, 막상 그 부모들을 만나 보면 그 사람들 역시 이 사회의 약자요 피해자인 경우도 많았다. '사회를 바꿔야 한다. 그렇게 하려면 우리가 단결해야 한다.' 인권활동에 대한 관심이 그렇게 찾아왔다. 청소년들과 함께 사회적인 이슈들에 목소리를 내는 활동을 해 보자는 의견이 자연스럽게 뒤따랐다.

  그 고민의 결과가 낳은 대표적 활동이 4.16 세월호 참사가 일어난 이듬해인 2015년부터 매해 기획되고 있는 '4.16기억과행동청소년실천단'이다. 청소년들 대부분이 갖고 있는 사회로부터 버림받은 경험이 국가로부터 버림받은 세월호 피해자들의 이야기와 겹쳐졌기 때문일까. 눈물을 보이는 건 창피한 일이라고 여기던 청소년도 세월호 참사의 현장을 방문하고 피해자들을 만나면서 얼었던 마음을 풀고 목놓아 울었다. 이 뜨거운 경험을 통해 '내가 힘들 때면 다른 사람들이 지금처럼 소리쳐 주겠구나' 하는 믿음이 움텄다. 국가가 저버린 사람들이 또 누가 있나 둘러보게 되었다. "그 과정에서 청소년들이 자기 문제와 사회를 연결시키는 고리들을 찾아내게 된 것 같아요." 활동가들이 청소년들과 관계 맺는 프레임도 바뀌었다. "전에는 아무래도 청소년들을 내가 지원해야 하는 존재라는 방향으로 봤다면, 이제는 아, 우리가 동지구나!"

#6 몸이 타들어 가는지도 모르고……

  'EXIT는 이런 곳이다' 하고 한마디로 정의하는 건 어렵다. EXIT는 유동적인 청소년들의 상황과 그들의 요구에 맞춰 끊임없이 변화해 왔다. 활동가들도 자분자분 "EXIT를 통해 감정도,

경험도, 인간관계를 맺는 방식도, 세상을 보는 관점도 풍요로워 지는" 시간을 거쳐 왔다. 그러나 안타깝게도, 아니 어쩌면 당연 하게도 EXIT의 부단한 실험은 업무의 과부하를 가져왔다. 지금 은 활동을 쉬고 있는 나경은 "한번 해 보자, 그러다 보니 문어발 식 확장을 하게 되고. 그래서 코피가 터지고. 몸이 타들어 가는 지도 모르고 끝까지 피운 담배 같은 곳"이 EXIT라고 표현했다. 그들이 만나는 청소년들의 열악한 처지와 좀체 변하지 않는 현 실 역시 마음을 늘 어지럽혔다. 청소년의 자립 역량을 함께 만 들어 가는 것이 가능하려면 활동가들의 안정적인 활동과 지속 가능성을 만들어 가야 한다는 걸 그 과정에서 배웠다. 질문은 선명해졌지만 해답은 아직이다.

 청소년들도 EXIT 활동가들의 고단함을 모르지 않는다. "회의 를 정말 길게 하더라고요. 버스가 서는 목요일, 금요일은 아예 밤을 새우고. 저희한테는 활동가들이 손에 꼽히잖아요. 근데 활 동가들 입장에선 우리를 손에 못 꼽을 거 아니에요? 워낙 많으 니까. 신경 써야 될 부분도 많고. 정이 더 가는 애가 있어도 차별 하면 안 되고." 활동가들과의 관계가 깊어지면서 청소년 다원의 이해도 깊어졌다. 그래서 청소년들도 활동가들의 수고를 덜어 주 기 위해 꼬물꼬물 무언가를 모색한다. "애들이 '왜 내 말 무시해? 왜 내 말 안 들어 줘?' 하면 활동가가 '어 미안해ㅠㅠ 바빴어' 그 러잖아요. 근데 저는 그럴 때 가만히 있어요. 가만히 있는 것만으로도 활동가들을 도와주는 거라고 생각하니까. 모임 있으면 지각 안 하고 열심히 가는 것만으로도 도와주는 거라고 생각해요. 저한테 전화하는 횟수 하나라도 줄여 주는 것만이라도 도움이 될 테니까." 해답까지는 아니더라도 활동가들의 '곁'으로 초대받은 청소년들의 이런 마음 씀씀이에서 어떤 가능성이 엿보이는 것 같다. 지치기 쉬운 조건이지만 활동가의 수고를 덜어 내는 길은 청소년 가운데 동료들이 늘어나는 것이 아닐까.

 EXIT의 실험이 완벽한 것도 아니고, 모두가 EXIT처럼 되어야 하는 것도 아니다. 하지만 꼬물꼬물 때로는 우당탕탕 만들어 온 EXIT의 이모저모는 청소년 자립 지원 현장에 시사하는 바가 크다. '다른 세상으로 가는 출구EXIT'가 되겠다고 시작했지만, 다른 세상이 따로 있는 게 아님을 발견한 시간이 EXIT의 역사다. EXIT는 그렇게 다른 세상을 살아간다. 누군가는 EXIT가 다른 청소년 기관과는 달리 정부 지원을 받지 않는 곳이기에 청소년과 다르게 만나고 다양한 실험이 가능하다고 말할지 모른다. 그러나 EXIT를 깊이 들여다보면 답이 달라진다. 청소년의 '진짜 삶'과 만나려는 노력, 청소년의 목소리를 깊이 공부하고 들으려는 노력이 오늘의 EXIT를 낳았다.

**EXIT를 함께 일군
활동가들의 이야기**

혼나도 좋았다

<u>인성</u> EXIT에는 사람 보고 왔어요. '기존에 보던 어른들과는 다른, 되게 특이한 사람들이다, 따뜻한 사람들이다, 이런 사람들이 있네?' 하면서요. 그땐 뭐에 홀렸던 것 같아요. 여기가 내 마지막 직장이 됐으면 좋겠다 싶었죠. 초기 2년 동안은 진짜 너무 행복하고 좋았어요. 조금 자건 밤을 새건 그런 건 문제가 되지 않았어요. 혼나도 좋았어. 한번은 제가 되게 구린 걸 샀어요, 쌀을. 그런데 변미혜가 저한테 왜 그렇게 구린 걸 사냐고 그러는 거예요. "한 번 먹이는 거 좋은 거 줘야 되지 않냐" 이러면서. 그게 기억에 남아요.

EXIT가 청소년 주도성을 강조하잖아요. 그걸 프로그램 안에 녹여야 된대요. 뭐가 뭔지 모르겠는데 녹이라니깐 미치겠는 거예요.

뭐를 하려고 해도 청소년이 해야 되지 않나, 청소년이 말해야 하지 않나, 그런 얘기를 계속 들었어요. 그런 식으로 해 본 적이 없으니까 좀 혼란이 왔죠. 그래서 제가 그냥 해 버리고 싶기도 해요. 하하. 근데 청소년이 주인이 돼서 선택하고 말한다는 게, 진짜 그런 기회조차 없었던 이들이 많으니까, 좋은 거 같아요. 힘들지만 그렇게 하다 보면 또 힘이 나기도 하고요. 지금은 청소년들한테 "이거 되게 좋은 거야, 해 보자!"라고 말해요.

청소년들이 "저기 재미있는 데야!"라고 했을 때 그 말이 제일 기분 좋았던 거 같아요. 왔을 때 재미있고 따뜻한 밥 나누고 자연스럽게 웃으면서 지내다 보니 이야기도 나오고, 같이 뭐도 해 보고, 그렇게 다 같이 모여 보니까 사건들도 터지고. 그게 EXIT의 매력 같아요. EXIT에서 제가 알던 세상과는 조금 다른 세상을 만났고, 이게 옳은 거니깐 이 세상을 주변 사람들한테도 말하고 다니게 돼요. 말하다 보면 심장이 따뜻해지고 되게 두근두근거리고요. 아, 나 진짜 사랑했나 봐!

세련되게 잘한 건 아니다

나경 예전의 나를 돌아보면 정말 꼰대처럼 살 수도 있었을 거 같은데, 나에게 채워진 부분들 중에 맘에 드는 건 다 EXIT에서 배우고 만나서 갖게 된 거였어요. 나란 사람의 감정이나, 경험이나, 인간관계나, 세상을 보는 관점이나 삶의 지혜? 뭐든 내 인생이 진짜 풍요로워졌어요.

예전에 한 청소년이 "얘네들은 작은 일도 크게 만들어" 그래서 '아씨, 저거 완전 욕인가?' 생각했는데, 어느 날 생각해 보니 그 말이 좋은 말인 것 같더라고요. 저는 청소년들이랑 의사소통하는 방식이 제가 그렇게 대우받았으면 좋겠는 방식이거든요. 친구들이 "이런 일 당하고 왔어요" 이러면 "너 진짜 억울한 거 아냐? 내가 더 화가 나네" 해요. 바쁜 일상에서 그냥 묻힐 수 있는 감정들을 들여다봐 주는 사람이 있으면 너무너무 기쁘다는 걸 그때 좀 알았던 거 같아요.

사실 EXIT가 막 세련되게 잘했다고 생각하진 않아요. 그래도 우리가 여기까지 온 건 이렇게 활동하는 게 얼마나 힘든지 그 의미를 공감하고 인정해 주는 사람들이 있었으니깐. "그거 왜 해? 성과 너무 안 나오는 거 아니야?" 이런 피드백이 계속 있었으면, 힘든데 굳이 그렇게 안 했을 거 같은데, "와~ 그거 중요하잖아. 근데 되게 잘했다" 그러니까요. 엄청 헐겁게 한 거였는데 그렇게 말해 주는 구성원들이 있어서 계속 도전해 보게 돼요.

진짜를 만났다

미혜 전에 활동하던 데에서 만난 청소년이 '들꽃청소년세상'을 소개해 줬어요. 그게 나한테 가장 큰 의미가 있었던 거 같아요. '아, 내가 청소년 지원 활동을 하는데 청소년이 일자리를 소개해 줬다. 내가 그렇게 후지게 살지는 않았구나' 이런 느낌? 버스를 처음 만들면서 상담실 안에서 청소년들 만나는 활동은 했지만 이렇게 리얼하게 살아가는 현장에 대한 약간의 걱정이랄까, 두려움 같은 게 있었죠. 그런데 우리가 뭘 잘 몰라서 할 수 있었던 거 같아요.

EXIT에 와서 진짜 청소년들의 삶을 만났어요! 그래서 내가 그 안에서 어떤 역할, 이 땅에서 어떻게 살아야 할지를 많이 배우게 됐어요. 다행인 건 청소년들한테 이런 것들을 많이 배웠다는 거죠. '너 그렇게 살면 안 돼.' '그거 꼰대 짓이야.' '이런 거 해야 되는 거 아냐?' 하면서요. 그동안은 뭔지도 모르는 상태로 허공을 살았다면 지금은 바닥에 앉은 거 같달까요? 그래서 되게 처절하고 슬픈 시련들도 있었지만, 또 그 안에서 사랑하는 힘을 배우기도 하고.

**EXIT를 함께 만든
청소년들의 이야기**

나에게 EXIT는?

다원 처음에 잘 몰랐을 때는 '내가 여기 있으면 집 나온 애 같다', 그런 느낌이 있었어. 다른 사람이 봤을 때 내가 어떻게 보일까 하는 게 컸던 것 같아. 처음에는 그냥 밥 주는 곳. 아니면······.

수민 잘 데 없으면 재워 주는 곳.

다원 맞아. 그래서 자존심이 센 친구들은 내가 EXIT 가는 걸 별로 안 좋아했어. "쪽팔리게 왜 그런 데 가? 네가 집 나왔니, 돈이 없니, 가오가 없니?" 근데 점점 알다 보면······.

수민 뭔가 되게 깊이 도와주는 게 있어.

다원 일부러 해 주려고 하지 않아도, 물론 해 주려고 하지만, 그러지 않아도 우리가 자연스럽게 기대게 되는 곳 같아. 힘든 일이든 즐거운 일이든.

수민 기대게 되는 포인트가 뭔지 말해야지. 나는 딱 그때야. 일하다가 돈 못 받았잖아. 어떻게 할까 고민하다가 그걸 말했는데, 자기 일도 아닌데 자기 일처럼 도와주는 거야. EXIT가 이런 곳이구나. 어려운 일 있으면 서로 도와주고 서로 기대서 살아가는 곳이구나. 그걸 한다고 이득이 없잖아, 자기들한테. 사회적으로 이슈가 되는 것도 아니고. 근데 인턴십도 해 보고 4.16도 다녀 보고 그러니까, 뿌듯함 하나로 하는구나 싶더라고.

다원 나도 EXIT를 알기 전에는 너무 힘들었어. 학교는 왜 다녀야 하는지 모르겠는데 아무도 이해해 주는 사람이 없었어. 선생님들도 부모님도 친구들도. EXIT를 알게 됐는데 나랑 너무 잘 맞는 사람들이 많은 거야. '진짜 여기 신세계다!' 생각했지. 틀도 없고, 서로 존댓말을 쓰면 존댓말을 써 주고 반말을 쓰면 반말을 써 주고. 내가 상상한 세계와 똑같았어. 그러다가 고등학교를 자퇴하게 됐는데, "학생이 학교를 가야지" 그런 얘기를 하는 사람도 없고. 그리고 내가 예전에 했던 생각들을 사람들에게 알리기 위해 EXIT가 도와줬지. 그러다 보니까 내 틀 안에 1명씩 들어와 있는 거야, EXIT 사람들이. 이게 EXIT의 매력이구나. 그래서 내가 모르는 사이에 기대게 됐구나 싶어. 아니, 약간 건방지게 얘기한 거 같아. EXIT가 내 틀에 들어왔다기보다는 내가 EXIT의 틀에 들어간 거 같애. 아, 내가 먼저 갔구나!

수민 다른 기관은 잘 몰라서 그런지 모르겠는데 EXIT는 친한 걸 넘어서 가족 같은 느낌을 받았어. 부모님한테도 말 못 하는 걸 스스럼없이 다 말하고. 다른 기관에서는 얘기할 수 있는 기회가 없기도 하지만 별로 말을 하고 싶지도 않아. 내 이야기를 하면 관악구에 있는 모든 센터 샘들이 알게 될 수도 있고. EXIT 활동가한테 말하면, 1명한테 말하면 딱 그 사람만 알고 있고. '내가 이 사람한테 말해서 의논해 봐도 될까?' 하고 나한테 먼저 다 허락받고. 안 된다고 하면 안 하고. 되게 청소년을 존중하는 센터이지 않나.

다원 약간 아쉬운 점은 나한테 칭찬을 많이 해 주고 격려를 많이 해 주는데, 어느 부분에서는 잘못된 부분은 똑 부러지게 말을 해 주긴 하는데, 안 해 줄 때도 있는 거 같아. 무조건 이해해 준다는 느낌이 있으니까 약간 심시무래? 하하. 사람이 싸우면 "내가 잘못한 것도 있지만 너도 잘못한 거 있는 거 같아" 이렇게 얘기를 하잖아. 근데 EXIT는 '잘못한 것도 있지만 잘한 것도 있잖아' 그렇게 나오니까.

EXIT 와서 제일 기억에 남는 활동은?

수민 나는 '4.16기억과행동청소년실천단'. 전에는 '배가 침몰했네, 많이 죽었네' 이 정도만 생각했던 것 같은데 목포에 갔다 오니까 마음이 아프더라고. 내가 한심하게 느껴졌던 것 같아.

그것 말고 자주 기억나는 건 인턴십 할 때. 청소년 기관들 뭐 하는지 알아보고 보고서 써서 올리고. 원래 쉼터도 직접 가 보려고 했는데 밤 10시쯤에 연락을 했어. "집에 들어가기 어려운 상황인데 재워 줄 수 있느냐?" 된다고 그래. 근데 막무가내로 가기가 좀 무서운 거야. 망설이다가 11시쯤 다시 가겠다고 연락했는데 "왜 이제 오겠다고 그러냐. 지금 못 온다"고 하더라. 그런가 보다 생각하고 있었는데, EXIT 활동가한테 말하니까 시간이 아무리 늦어도 갈 수 있다는 거야. 열 받더라고. 그걸 다 보고서에 썼지. 보고서 쓸 때는 찾아본 기관들 정보 요약하고 내 생각도 덧붙여 넣어야 하니까 되게 머리를 쥐어짜면서 썼어. 잘 썼다고 그래서, 내가 글 쓰는 데 소질이 있구나 하고 그때부터 글 쓰는 데 흥미를 느꼈어.

다원 나도 4.16이 제일 컸던 것 같아. 4박 5일 동안 활동을 했는데 활동보다는 내 모습이 제일 기억에 남아. 내가 잠이 너무 많아 갖고 활동을 못 하는데 활동가들이 내 옆에 계속 붙어서 '열심히 해 보자, 다원아 넌 일어날 수 있어, 너무 잘했어' 계속 이러니까 사람이 하게 되더라고. 내가 밤낮이 다른데 아침에 날 깨우니까 성질이 나는 거야. 화를 냈지. 근데 포기하지 않고 날 잡아 주더라고. 결국 일어났잖아. 차에서 자더라도 일어나서 활동을 했어. 생각해 보니까 빼먹은 활동이 하나도 없는 거야. 활동하려고 밤도 새워 보고. 내가 노력할 수 있구나! 어떤 일을 하더라도 책임감이 필요하다는 걸

4.16 그때 딱 느꼈어. 나는 내가 잠을 자는 게 누구한테 피해를 줄 수 있다는 걸 몰랐어. 그때 느꼈던 것 같아. 사람이 잠을 자는 거 하나에도 책임감이 있어야 하는구나!

마을과 함께 '나'로 서다

공릉청소년문화정보센터의 '나도, 꽃'

날맹

2017년이 저물어 가던 어느 날, 공릉청소년문화정보센터의 실무자와 청소년들이 함께 밥을 해 먹은 적이 있다. 센터 안팎의 청소년들을 '나도, 꽃' 공간에 초대한 자리였다. 햇반을 레인지에 돌리고 근처 슈퍼에서 고기를 사다가 볶아 먹는, 어수선하고도 단출한 식사였다. 준비를 함께했던 '나도, 꽃' 청소년 1명이 한 해 중 제일 좋았던 순간으로 그날을 꼽았다. "그 친구는 할머니랑 둘이 살아서 여럿이랑 밥을 먹어 본 게 되게 오래전 일인 거예요. 그때 생각이 들었던 게, 아 정말 여러 층위의 활동, 만나는 접점을 열어 놔야겠다는 거였어요." 길잡이 교사 연윤실이 청소년들의 다양한 위치와 욕구를 좀 더 세심하게 의식하며 만나야겠다고 다짐했던 순간이었다.

#1 '나로 프로젝트'의 탄생

'나도, 꽃'은 공릉청소년문화정보센터(공릉센터)가 운영하는 징검다리 거점 공간*의 이름이다. 자몽과 만나기 시작한 2017년 이전부터 '나도, 꽃'에서는 이미 자립 지원 프로그램이라 이름

---

* '나도, 꽃'은 서울시 학교밖청소년지원센터의 지원을 받아 공릉청소년문화정보센터가 2012년부터 운영하고 있는 징검다리 거점 공간이다. 징검다리 거점 공간은 학교를 다니지 않거나 학교 밖 활동에 관심이 있는 청소년을 위해 다양한 교육과정과 프로그램을 마련하고 있다. 2018년 현재 서울에 13개소가 운영되고 있다.

붙여진 사업들이 진행되고 있었다. 학교 밖 청소년들이 마을에서 소외되거나 비가시화되기 쉽다는 점에 주목한 공릉센터는 "길잡이 교사 외에도 다른 어른들과의 관계, 마을 속에서 그런 관계망을 확장해 나가면 좋겠다"고 생각하고 동네 주민들을 강사로 초대하여 프로그램을 진행했다. '모움'('모여서 배움'의 줄임말) 프로젝트로 모인 학교 밖 청소년들은 마을의 꽃집 사장님에게 꽃꽂이를 배우고, 카페 사장님과 커피를 내리고, 동네 어른들의 바느질 모임에서 바느질을 배웠다. 그렇게 만들어진 바느질 작품을 청소년들이 직접 판매하기도 했고, 강사가 되어 중학교에서 바느질을 가르치기도 했다.

"엄청 훌륭한 모델"이었지만 당시 자립 지원 사업을 진행하며 아쉬움 또한 없진 않았다고 연윤실은 말한다. "지원 사업이니까 실적 만들어야 하고 결과 만들고" 하느라 이미 정해진 교육과정에 관심이 없는 청소년들은 어느 순간 조금씩 밀려나는 것이 보였다. "청소년들의 개성이 다 다르다"는 어찌 보면 당연한 진실이, '지원 사업이고 예산이 한정되어 있는데 모두를 맞춰 줄 순 없다'로 바뀌는 불편한 진실. '청소년이 주체라고 하는데, 정작 활동할 때는 참여할지 안 할지 선택하거나 의견을 반영하는 정도에 그치는 게 아닐까?' 연윤실의 고민이 깊어졌다.

제공된 프로그램 안에서 '참여'를 말하는 것이 아니라 프로그램 기획 자체를 스스로 해 보는 건 어떨까 하는 질문에서 공룽센터의 자몽 사업 '나로 프로젝트 - 스스로 기획하고, 나로서 선다'가 탄생했다. 청소년을 교육받는 대상, 서비스를 제공받는 대상으로만 두지 않고 교육의 주체, 기획자가 될 수 있도록 지원한다는 실무자와 기관의 철학이 있었기에 가능한 시도였다. "기존에는 도달해야 되는 지점이 다 동일했잖아요. 저는 그 틀을 좀 깨면서 개별 성장을 지원하고 싶었어요."

#2 '스스로' 활동과 '더불어' 활동의 이중주

'나로 프로젝트'의 한 학기 활동은 오리엔테이션에 해당하는 '상상마중'으로 시작한다. 정기 모임을 통해 각자의 '스스로 활동'을 나누고 '더불어 활동'을 기획한다. 학기의 끝에는 '갈무리 여행'이 배치되어 있고, 모든 계절 학기가 끝나는 연말엔 센터 직원과 마을 주민들을 초대하여 그동안의 배움을 나누는 '공유회'가 열린다. 자몽 첫해인 2017년 각 3개월씩 3회 진행됐던 계절 학기가 2018년에는 학기당 4개월로 늘어난 대신 연 2회로 줄었다. 한 학기 내에 '스스로 활동'과 '더불어 활동'이 좀 더 유기적이면서 충분히 진행될 수 있게 하려고 시도한 변화다.

자몽과 만난 2017년 봄, 첫 '상상마중'에 10명의 청소년이 모였다. 사업 취지를 나눴고, 청소년들은 '스스로 활동' 주제를 찾아 가기 시작했다. "나만의 속도와 나만의 색깔대로" 만들어 가

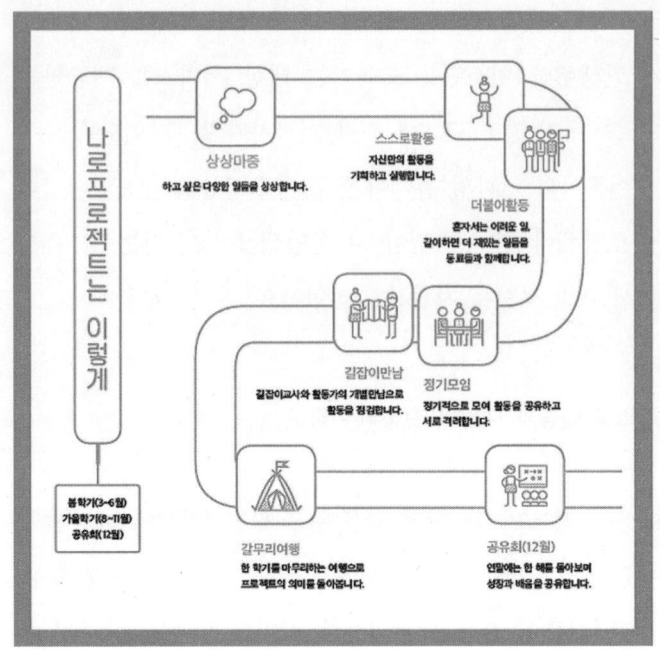

'나로 프로젝트' 브로셔

는 경험의 중요성을 떠올리며 '나로 프로젝트'의 길잡이 교사 2명은 참여 청소년들과의 "개별 데이트"에 힘을 쏟았다. 청소년들은 '스스로 활동'으로 보드 타기, 맛집 탐방, 화장법, 영화 보기 등을 골랐고, 길잡이 교사들은 활동이 "일회성 경험에 그치지 않고 자기 삶과 연결되게끔" 고민을 이어 갔다.

청소년 신희연은 자퇴 후 다니던 꿈드림센터*의 소개로 '나로 프로젝트'를 알게 됐다. 자신에 대한 공부가 더 필요하다고 생각해서 고1 1학기가 끝날 때 학교를 그만뒀다. 학교를 다니기 싫다는 생각은 고등학교로 올라올 때도 했었다. 진로에 대한 생각이 구체화되지 않았는데 목표도 없이 형식적인 공부만 하는 게 싫었기 때문이다. "제가 음악을 되게 좋아하는데 그걸 묻어 둘 수밖에 없었거든요. 제 주변에서 선생님들도 그렇고, 가족들 어른들도 그렇고, 저한테 압박이 좀 심했어요. 너는 공부를 해야 한다고. 근데 하고 싶은 거를 물어보는 어른들이 없었다고 해야 하나? 그래서 저한테 스스로 의구심이 들었던 거죠. 내가 음악을 좋아해도 되는 건가, 해도 되는 건가?" 여름 학기 '스스로 활동'으로 영화랑 연극을 보고 리뷰를 쓰는 활동을 한 신희연은 가을 학기에 페미니즘 공부를 택했다. "그 전에도 여성혐오랑 페미니즘을 알고 있긴 했는데, 알고 작품을 접하니까 너무 많은 것들이 보이는 거예요." 그런데 같이 영화를 본 친구들은 그걸 모르는 게 화가 났고, 자신부터 공부를 더 해야겠단 생각에 책을 읽기 시작했다. 《82년생 김지영》, 《우리는 모두 페미니스트가 되어야 합니다》, 《이갈리아의 딸들》 이렇게 세 권을 한 학기 '스

* 〈학교 밖 청소년 지원에 관한 법률〉(2015년 5월 29일 시행)에 따라 설치된 기관. 여성가족부 산하 한국청소년상담복지개발원에서 운영하고 있고 전국에 200여 곳이 있다.

스로 활동'에 지급되는 10만 원으로 샀다. 그리고 남은 돈으로 페미니스트 배지를 제작해서 사람들에게 나눠 주었다.

공릉센터가 생각하는 "자주적이며 더불어 사는 청소년"이란 지향에서 앞 구절의 '자주적'이라는 목표가 '스스로 활동'에 반영되어 있다면, 뒷 구절은 이름 그대로 '더불어 활동'을 통해 구현되고 있다. "자립은 스스로 자신의 삶을 기획하는 것"이자 "더불어 협력하는 것"이라고 '나로 프로젝트'는 믿는다. 공식적으론 1달에 한 번꼴의 정기 모임을 통해 참여 청소년들이 만나는 것 같지만, '나도, 꽃'이라는 공간에서 구축된 관계성이 '나로 프로젝트'를 더욱 풍요롭게 한다. 신희연은 '나도, 꽃'에서 '나로 프로젝트'가 갖는 의미를 이렇게 말한다. "프로젝트를 하면서 사람에 대해서 더 깊게 알 수 있는 것 같아요. 이 사람이랑 나랑 이런 연결점이 있구나. 연관성이라는 걸 알게 되잖아요. '나로 프로젝트'가 없는 '나도, 꽃'은 지금보단 더 미지근했을 것 같아요." 각자 '스스로 활동'을 진행하고, '나도, 꽃'에서 서로 일상을 공유하는 가운데 길잡이 교사는 "비슷한 관심을 가진 청소년을 중매"하며 '더불어 활동'을 슬그머니 제안했다. 그렇게 해서 마을 축제 버스킹 참여, 센터 이용 주민 대상 커피 나눔, 염색 체험, 캠페인과 같은 '더불어 활동'이 진행되었다.

교사 연윤실은 '나로 프로젝트'를 "0부터 10까지 다양한 청소년들 누구든 들어와도 같이 할 수 있는 프로그램"이라고 말한다. 너무 쉽지도 과도하지도 않으면서 청소년 개인에게 적절한 도전이 될 수 있는 과제를 생각해야 하는 긴장감은 늘 따라다녔다. 동시에 "서로의 활동에 호기심을 가지면서 어떻게 서로 관계를 만들고 연결할 마음을 일어나게 할까" 하는 고민도 끊임없이 이어졌다. 그런 노력들은 청소년들과 "청소년에 따라오는 수식어를 떼고 개인으로" 만나며 "안전하게 실패할 공간"을 제공하겠다는 마음이 있기에 가능했다.

#3 각자가 '드러나는' 현금 지급

'나로 프로젝트'가 다른 청소년 자립 지원 사업과 비교하여 두드러지는 특징 중 하나는 한 학기 '스스로 활동' 명목으로 1인당 10만 원의 활동비를 지급한다는 점이다. 자신이 하고 싶은 활동을 직접 기획하는 연습 또한 자립의 중요한 요소라고 생각한 공릉센터는 청소년 활동가 자신의 주체성을 발휘할 수 있도록 현금을 직접 지원하는 방법을 선택했다. 활동비를 어디에 썼는지 영수증을 제출하는 증빙의 절차는 있지만 왜 거기에 썼느냐는 '추궁'은 없다. 맛집 탐방을 주제로 여기저기 본인이 가고 싶은 곳을 찾아가는 '스스로 활동'을 수행한 청소년에게 10만 원의 활동비는 원가족과 떨어져 혼자 사는 조건에서 매일은 아니더라도 곧잘 제대로 된 끼니를 챙겨 먹을 수 있는 밑천이 되었다. 길

7월 정기 모임에서 활동을 공유하고 있다.

잡이 교사는 개별 만남을 통해 청소년이 '스스로 활동' 속에서 경험한 것에 의미를 조명해 주는 역할을 했다. 그리고 각자의 경험들이 개별화되지 않고 서로 공유되는 과정을 통해 관계를 만들고 자극이 될 수 있도록 했다.

사회 복지 영역에서 '현금 제공이냐, 서비스 제공이냐'를 둘러싼 논쟁은 인간 존재를 바라보는 관점과 연결되어 있다. '가난한 자는 합리적 소비를 할 수 없다'는 사회적 통념은 현금을 직접 지급하기보다 그들에게 필요한 서비스를 제공하려 하는 정책들로 이어진다. 청소년은 '미성숙' 프레임이 작동하는 대표적인 집단이기에 그들에게 현금을 지급한다는 발상은 더더욱 상상되기 어렵다. 그런 점에서 공릉센터가 청소년들에게 현금을 지급했다는 것은 기관이 청소년을 어떻게 바라보는지를 고스란히 보여 준다. 이와 같은 청소년에 대한 신뢰는 그간 공릉센터가 추진해 온 활동 경험과 떼어 놓고 설명될 수 없다. 마을 주민들과 함께 하는 모임이 많아지면서 매번 간식을 준비해야 하는 실무자들의 품이 커졌을 때, 공릉센터는 실무자들이 어디에 더 힘을 쏟아야 하는가를 두고 토론하는 시간을 가졌다. 그 결과, 각 팀에 지원금을 직접 지급하여 자체적으로 간식을 준비하는 방식으로 바꾸어 냈다. "행정에 시간과 노력을 들일 시간에 청소년들을 잘 코칭하고 멘토링하는 데 내 에너지를 더 쓰겠다, 이런 패러다임이었죠."

2년째 '나로 프로젝트'에 참여하고 있는 신희연은 활동가들에게 지급되는 10만 원을 이렇게 평가한다. "제가 여기 와서 사람들 개성이 다 뚜렷하다고 느꼈잖아요. 근데 이게 원래 개성 있는 사람들이었다기보다는 '환경이 개성을 묻히지 않게끔 하는 거'라고 생각해요. 지원금도 비슷한 거라고 생각해요. 사람들 자체가 드러날 수 있게 하는 거 아닐까."

#4 청소년 기관에서 청소년'만' 만나지 않는 이유

"스스로 그리고 더불어"라는 '나로 프로젝트'의 모토를 제대로 이해하기 위해서는 공릉센터의 역사와 지향을 좀 더 살필 필요가 있다. 2010년 12월 개관한 공릉청소년문화정보센터는 〈청소년기본법〉 및 〈청소년활동진흥법〉에 따라 설치된 청소년문화의 집과 공공 도서관이 공존하는 곳이다. "청소년 시설이지만 청소년들만 만났을 때 오는 한계들을 극복하는 요소로 도서관에 온 주민들하고 뭔가 활동들을 기획해 볼 수 있겠다"고 센터장 이승훈은 생각했다. "청소년은 우주와 연결이 되어 있는데 청소년만 만나겠다는 것은 불가능한 상상"이라고 그는 단호하게 말했다.

사람의 말이 온전히 의미를 가질 수 있는 조건은 그 말을 들어 주는 상대방의 존재다. 말의 내용이 어떻든 들어 주는 사람이 없다면 그 말은 허공에 흩어지는 말이 되고 만다. '말할 권리'를 달리 표현하면 '들릴 권리 right to be heard'인 이유이기도 하다. 공릉센터의 비전인 "자주적이며 더불어 사는 청소년"을 떠올려 보았을 때 청소년들의 이야기가 들리는 또는 들려야 할 공간은 바로 마을이었다. 연약하기에 지켜 줘야 하거나 위험하기에 계도해야 할 대상으로만 여길 뿐 정작 청소년의 목소리를 귀 기울여 듣지 않는다면, 그것이야말로 "되게 무책임한 일"이었다. 어른들은 밥벌이에만 관심을 가지면서 청소년들에겐 다르게 살라고, 꿈을 가지라고 말하는 건 자기 모순 아닐까. 청소년의 이야기가 마을에서 들리는 경험을 조직하고 싶었던 공릉센터의 바람은 "의미 있게 자기 삶을 꾸려 가는 주민들을 계속 등장시키"려는 실천으로 이어졌다.

　자주성이 '홀로'가 아닌 '더불어'의 경험 속에서 발현될 수 있다는 공릉센터의 철학은 청소년들을 완결된 장에 '대상'으로 부르지 않고 '처음부터 같이 모여 만들자'며 주체로 초대하는 방식에서 잘 드러난다. 대표적인 예가 2011년 처음 시작해 현재는 노원 지역 청소년 사회 참여 활동으로 자리잡은 '시작된 변화'다. 그 출발은 "센터에 봉사 활동을 온 청소년들이 청소나 방문객 안내 같은 거 말고 좀 더 의미 있는 활동을 할 수 있는 방법은 없을까?"라는 질문이었다. 공릉센터가 제공자로서 청소년을 만나는 것이 아니라 청소년이 지역 사회에서 생산자, 제공자가 될 수 있도록 하며, 그렇게 청소년들이 만들어 낸 변화의 모습들이 주민들에게 옮아가면 좋겠다고 생각했다. "마을을 위한 활동을 하면서 마을을 다시 보기도 하고, 마을에 뭔가 조금의 변화를 일으키는 실천을 해 보는 그런 프로젝트, 참여 활동인 거죠."

　청소년이 마을을 바꿀 수 있다는 "엉뚱한" 생각에 동의한 지역 청소년 60여 명이 모였다. 서너 명씩 그룹을 만들어 마을 속 변화를 위한 의제를 스스로 찾았다. 동네 자전거 도로를 조사하는 팀, 어린이 놀이터를 정비하는 팀, 골목에 벽화를 그리는 팀 등이 꾸려졌다. 각 팀에서 선택한 의제가 청소년들의 삶과 어떻게 연결되는지를 물어 가며 활동을 진행했다. 사업 종료 후 참여 청소년들의 평가는 실무자들을 고무시켰다. 청소년들은 자기가 벽화를 그린 곳을 마을의 자랑이라고 말했고, 내가 세상을 변화시킬 수 있는 사람이라는 것을 처음 알았다고 말했다. 첫해 '시작된 변화'로 촉발된 마을 곳곳의 변화를 지켜본 다른 청소년들이 너도나도 참여하기 시작했고, 마을 주민들의 관심과 참여도 늘어나면서 활동의 동력이 붙었다.

　마을 주민을 만나되, 청소년이 마을의 문화를 함께 만들어 가는 동료로 만나기를 바라는 공릉센터의 철학은 마을 축제인 '꿈나르샤' 기획 방식에서도 고스란히 드러난다. '나로 프로젝트'로 공릉센터에 처음 찾아온 뒤 지금은 이 동네로 이사 오고 싶다고 말하는 신희연은 이곳에서 경험한 축제를 이렇게 회상했다. "원래 제가 알고 있던 축제라 하면 놀이나 즐거움을 제공하는 사람이 있고 그런 제공을 받고 즐기는 것? 차려 놓은 사람이 있고 받는 사람이 있는데요. 이번에 꿈나르샤 축제를 했을 때는 그런 걸 못 느꼈어요. 참여자와 제공자가 딱히 정해지지 않은 느낌을 받았거든요. 진짜 이게 축제구나." 공릉센터 건물 2층 모퉁이에 자리잡은 '나도, 꽃' 공간을 벗어나 다른 층으로까지 활동 반경을 넓혀 간 신희연은 이제 공릉센터에서 마주치는 다양한 사람들과 눈인사를 나눈다. 상대를 향해 웃으며 속으론 '지금 우리 서로 같은 걸 떠올리고 있는 게 아닐까' 생각한다. "아, 또 오셨구나. 하하." 이렇게 관계를 터 가는 경험 속에 "우리의 센터가 되는" 감각이 만들어진다. 내 공간, 우리 공간이란 감각이 생겼을 때 청소년들이 사회로부터 받는 의혹 중 하나인 '책임 의식 없음'은 설 자리를 잃어 간다.

#5 밀려난 존재를 품는 공공 기관

"사실 도서관이고 청소년문화의집이니까 굳이 학교 밖 청소년을 만나야 하는 이유는 없었다." 그런데 개관 이후 공릉센터를 찾아오는 다양한 존재 중에 학교 밖 청소년들이 있었다. 그중 몇몇은 "센터 분위기를 주름잡으려" 했고, 근처 놀이터에서 담배를 피웠다. 하루는 주민이자 공릉센터 이용인 중 하나였던 남성이 옆 공원에 맥주 캔을 버린 청소년을 잡겠다며 공릉센터로 뛰어왔다. 잔뜩 화가 난 그는 "그런 애들 하나라도 오면 센터 문 닫게 한다"고 소리쳤다. 기관 입장에선 난감한 순간이었다.

'말썽'을 일으킨 학교 밖 청소년 역시 마을 주민이었다. 공릉센터는 그들을 밀어내는 방식을 택하고 싶지는 않았다. 센터장 이승훈은 일단 그이들을 만나 말을 계속 걸어야겠다고, 이름을 외워야겠다고 생각했다. 근처 분식집에서 밥도 같이 먹었다. 만나서 얘기를 나눠 보니 다들 진로가 고민이라고 했다. 누군가에겐 '문제아'로 비치는 그/녀들이 "자기 문제에 대해서 정말 치열하게 고민하고 있는 그룹일 수 있겠구나"라는 생각이 들었다. 학교 밖 청소년이 '부적응'한 것이 아니라 학교라는 정형화된 구조가 그들을 밀어낸 것이라면, 서로 만나 고민을 나눌 수 있는 장을 공릉센터가 마련해야 한다고 생각했다. 마침 당시 서울시에서 학교 밖 청소년들을 지원하는 사업이 있었고, 지역의 청년 그룹이 이들과 만나 보게 하는 콘셉트를 떠올렸다. 그렇게 징검다리 거점 공간 '나도, 꽃'이 만들어졌다.

개관 초기부터 청소년만이 아니라 비청소년 주민들과도 만남을 조직하고 활동을 이어 온 것이 학교 밖 청소년과의 만남에 큰 힘이 되었다. 문신한 청소년, 담배 냄새 나는 청소년을 보면서 불편함을 호소한 주민도 있었지만 그보다 "학교 밖 청소년도 우리 동네 아이들이고, 우리 동네 아이들이 아니라도 같이 도와야 한다"고 목소리 내는 주민들이 많아졌다. 그 전까지는 개별화된 채로 묻히기 쉬웠을 목소리들이 공릉센터 활동에 의해 형성된 관계를 통해 조직적으로 표출될 수 있었다. 학교 밖 청소년을 환대할 수 있어야 한다고 믿은 주민들은 '나도, 꽃' 프로그램에도 힘을 보탰고, 마을 주민들의 이해 폭을 넓히는 데도 기여했다. "처음엔 무서워하고 어려워하고 내가 이런 말을 하면 얘가 상처받지 않을까 이런 걱정들이 많았어요. 근데 만나 보니 얘는 얘고, 쟤는 쟤인 거예요. 다 다르잖아요. 사람들이 그렇게 서로 만나지는 것 같거든요."

자신의 이야기가 들리는 경험이 쌓이는 가운데 '나도, 꽃'에 모인 청소년들 사이에 연결감이 생기기 시작했다. 알바비 떼인 얘기를 듣고 교사가 체불 임금을 받아 내러 같이 찾아가기도 했다. 그런 일련의 시간을 거치며 청소년과 교사, 청소년과 청소년 사이에 신뢰가 싹텄다. 같이 만나고 얘기하다 보니 공동의 문제의식이 생겼고, 그 문제의식을 토대로 작은 실천이라도 해 보자는 취지에서 '나도, 꽃' 청소년 '활동가'란 호칭이 만들어졌다. 그러던 어느 날이었다. 다른 청소년 그룹이 '나도, 꽃' 활동가들에게 "너희는 무슨 활동을 하니?"라는 질문을 던졌다. "누구는 알바하고, 누구는 '나도, 꽃'에서 검정고시 공부하고. 우리는 여행도 가고 그런다." 막상 이렇게 답해 놓고 나니 무척이나 민망한 기분이 들었단다. 명색이 '활동가'인데 우리도 좀 의미 있는 활동을 해야 하지 않을까. '의미 있는 활동'을 찾아내고자 머리를 맞대었고, "나도 좋지만 내가 속해 있는 이 지역 자체에 의미 있는 변화, 아니면 나보다 더 어린 친구들을 위한 활동들"을 해 봐야겠단 방향성이 도출됐다. 그런 고민 속에 같이 인권을 공부하기도 하고 마을에서 문화 행사를 기획하기도 하는 등의 활동들이 생겨났다. 신희연은 '활동가'란 표현을 두고 "학생은 되게 수동적인 느낌이 나는데 활동가는 뭔가 능동적으로 보이잖아요. 활동가란 말 자체가 사람을 움직이게 하는 것 같다고 해야 하나?"라고 말했다. 주체성을 보장받았을 때 다른 존재에 대한 관심으로 확장되기도 한다는 것, 존중받은 경험이 어떻게 남을 존중하는 것으로 이어지는지를 보여 주는 일화다.

공릉센터가 학교 밖 청소년들과 만나기 시작한 과정을 떠올리며 교사 연윤실은 공공 기관으로서의 책무를 언급했다. "배제되기 쉽고 소외되기 쉽고 손가락질당하거나 규정되기 쉬운 존재를 공공 기관이 어떻게 만나기로 다짐했는지가 중요하다고 봐요. 공공 기관이기 때문에 더 누구에게나 문턱이 낮게 열려 있어야 하는 거죠." 차별에 반대하기는 쉽지만 무엇이 차별인지 말하기 시작하는 순간 격렬한 논쟁이 뒤따르곤 한다. 모든 인간의 존엄을 말하는 순간에도 담배 피우는 청소년은 그럴듯한 이유로 밀려나는 존재가 되기 쉽다. 공공 기관이기에 문턱이 낮고 누구에게나 열려 있어야 한다는 연윤실의 말은 공릉센터가 학교 밖 청소년을 '받아들여 준' 것이 아니라, '받아들여야 할' 존재로 인식했다는 말이기도 하다. '나로 프로젝트'의 실험 또한 그런 철학을 가졌기에 가능했던 것으로 보인다.

#6 자립의 색깔은 여러 가지

자몽 사업을 2년째 진행하고 있는 길잡이 교사들은 '나로 프로젝트'를 어떻게 평가하고 있을까. 실무자가 자리를 깔아 놓고 청소년을 모으는 방식이 아니라 '제로(0)'에서 시작해서 청소년 스스로 만들어 가는 방식은 분명 큰 도전이었을 테다. "성실하게 자주 와서 얘기도 하고 제때제때 계획서 내는 청소년"도 있지만 "잠수 타고 안 나오는 청소년"도 있었다. 스스로 기획하고 서로 협력하는 과정 속에 성장한다는 믿음이 없었다면 불가능한 일이었다. 연윤실은 어떻게 만들어 갈지 예측할 수 없단 점에서 실무자로서 두려운 마음도 있었지만 "결국은 만들어 가는구나!"를 확인하는 시간이었다고 말한다.

인턴십 프로그램처럼 "실질적인" 지원을 위해 애쓰는 기관들도 많은데 상대적으로 '나로 프로젝트' 사업은 이상적이고 뜬구름 잡는 얘기가 아닐까 하는 우려도 지금은 많이 사라졌다. 자립 지원이라고 하면 "경제적 자립, 직업적 자립"처럼 명확해 보이는 걸 해야 한다는 부담을 내려놓은 자리에 청소년들이 더 많은 권한을 갖는 실험이 들어설 수 있었다. 이 실험을 통해 관계 속에서 협력하는 경험이 자립의 중요한 요소임을 힘주어 말할 경험적 근거도 생겼다. 공릉센터의 자립 지원 사업에는 "구체적인 교육이 너무 빠져 있나?" 같은 질문이 때때로 찾아오기도 하지만, "자립의 색깔이 여러 가지일 수 있다"는 깨달음으로 조바심을 다스린다. 이 깨달음은 이후에도 '나로 프로젝트'를 끌어가는 중요한 밑거름이 될 것으로 보인다. 청소년을 '위한' 활동이 아니라 청소년'의' 활동을 꾸려 갈 수 있도록 하는 게 자립 지원의 핵심이라는 걸 공릉센터의 실험은 말해 준다. 그래서 더더욱 공릉센터의 시도가 또 어떤 모습으로 펼쳐질지 기대하게 만든다.

| '나로 프로젝트'를 함께 일군
실무자의 이야기

"뭔가 해 볼 수 있겠어"라는 모양이 만들어지기까지

<u>연윤실</u> '청소년이 주체라고 하는데, 정작 활동에 참여할지 안 할지 선택하는 것이나 의견을 반영하는 정도에 그치는 게 아닐까?', '기획자가 이런 프로그램 좋을 것 같다 또는 우리는 이런 풀pool이 있으니까 이런 교육을 할 수 있다고 생각해서 바람직하다고 생각하는 것만 열어 두고 하는 건 아닐까?' 하는 우려들이 있었던 거예요. 그리고 청소년들이 개성은 다 다르죠. 말 그대로 이런 공예나 창작에 관심이 없을 수도 있고, 아르바이트하느라 너무 바쁘거나 공부에 더 집중할 수도 있고, 이것저것 다 해 봐서 흥미가 없다든지 이 프로그램을 다른 데서 다 해 봤다든지……. 다 다른 거예요.

  저도 막 뭔가 너무 정해져 있거나 너무 여지가 없거나 너무 바

른 그런 게 답답한 거 같아요. (웃음) 하고 싶은 게 많은데 막상 어떻게 해야 할지 모르겠고 뭔가 뒷심이 안 생기는 것도 있었어요. '나로 프로젝트'가 그런 거잖아요. 개성 있어도 되고, 나답게 색깔이 다양해도 되고, 내가 만들어 가는데, 같이 하니까 뒤에 가서도 힘이 더 붙을 수 있고요. '뭔가 해 볼 수 있겠어' 하는 모양이 나온 것 같아요.

이렇게 청소년들이 뭔가 직접 결정할 수 있고 권한을 많이 내줘도 된다는 것은 예전부터 해 온 '시작된 변화'나 다른 활동들에서 체득한 거죠. '아, 그런 상상이 가능한 거구나.' 근데 제가 생각하는 자립 개념이 굉장히 추상적이고 모호할 수 있잖아요. 저에 비해 구체적이고 실질적인 실천을 하는 분들도 많고요. 그런 걱정이 있었는데, 그래도 "오 내가 생각하는 것과 비슷하다" 이렇게 동의해 주는 기관이 있었고, 또 선정해서 지원을 해 준 함께걷는아이들, 몽실팀이 있었던 거죠. 삼박자가 맞은 거죠.

| '나로 프로젝트'를 함께 만든
| 청소년의 이야기

"이제는 저의 기대를 다른 사람도 봐 줘요"

<u>신희연</u> 공릉청소년문화정보센터에 오게 된 게 제 여태 인생에서 가장 큰 전환점이라고도 할 수 있어요. 제가 되게 힘들어했던 적도 있는데, 그래서 더 크게 느껴지는 것일 수도 있어요. '나로 프로젝트'라는 게 '나로서' 이런 뜻도 있잖아요. 저는 저에 대해 더 많이 알고 싶어서 오게 된 건데, 저한테 정말 큰 힘이 됐죠. 가장 큰 달라진 점이 있다고 하면, 이전에는 저에 대해 정말 몰라서 제가 뭘 좋아하는지도, 앞으로 뭘 해야 하는지도 몰랐거든요. 근데 여기 오고 나서 이제 좀 확실히 나를 드러낼 수 있는 공간이 생긴 거죠. 그러니까, 이제는 좋아하는 게 너무 많아졌어요. 저에 대해 아직 모르는 것도 너무 많은데, 불확실한 것도 많고요, 그런데, 되게 되게 행복해요.

저를 바라보는 느낌이 달라졌달까요? 전에는 '다른 사람들이 보는 저'를 보려고 했거든요. 근데 여기 와서는 그냥…… '나로서 나'를 더 생각하게 되는 것 같아요. 다른 사람들을 존중하는 법도 많이 배워 왔지만, 정말 저를 어떻게 생각해야 할지 생각하는 부분이 커진 것 같아요.

여기선 모두가 모두를 인정해 준다고 할까요? 지금 제가 여기서 생활을 하는 것도 사회라고 볼 수 있고, 이전에 다녔던 학교나 제가 생활했던 곳도 사회잖아요. 근데 분명 그런 사회에서 저한테 기대하는 것들이 있단 말이에요. 예전에는 그 기대들에 제가 못 미치면 많이 힘들어하고 그랬거든요. 근데 여기서는, 저한테 기대하는 것도 물론 있지만 강요하는 것들은 없어요. 제가 '이렇게 생각하고 있다' 하면 저는 그런 생각을 하는 사람인 거고, 그 생각을 존중받고요. '내가 이런 사람이다' 하고 드러나면 그게 잘못된 거라고 하는 게 여기선 없으니까요. 여기선 저를 있는 그대로 봐 줘요. 그러니까 제가 예전에 저를 봤던 관점들과 제가 여기에서 저를 보고 있는 관점이 아예 반대라고 할 수도 있죠. 이전에는 남들의 기대를 봤다면, 이제는 저의 기대를 다른 사람도 봐 주는 거죠. 한마디로 힘이 돼요. 진짜 든든하죠. 활동을 하면서도 많은 응원을 받았고. 서로서로 그렇게 응원해 주는 게 당연한 것처럼 여기선 잘 이뤄지고 있어요. 서로서로 멋있다는 말도 많이 해 주는 것 같아요.

제대로 만나
제대로 작당하다

꿈꾸는아이들의학교의 '플랜비'

호연

"어떤 일로 오셨어요?" "누구 찾으세요?" 꿈꾸는아이들의학교(꿈아)의 문을 열고 들어갔을 때 한 청소년이 말을 걸어왔다. 첫 방문이라 두리번거리며 우물쭈물하고 있을 때 먼저 다가와 인사를 건네 준 장면이 인상 깊게 남았다. 많은 사람들이 드나드는 곳이라 모른 척할 수도 있었을 텐데……. 방문자를 향해 '어서 들어오라'는 손짓을 하는 것 같아 선뜻 한 발을 더 내딛게 되었다. 청소년이 단지 그곳의 이용인이 아니라 '주인'으로서 "잘 오셨어요" 하며 손님을 맞이하는 기분이 들어 더 반가웠다.

#1 '지금, 여기서' 자립을 작당하다

첫 만남의 기억은 꿈아의 자몽 사업명을 떠오르게 한다. '감.잡.았.썹.(感. JOB/雜. What's. up.) – 다포시대. 모멸감, 만능감, 불능감, 단절감을 잡(JOB, 雜)아 가는 청소년에게 안부를 묻다.' 2016년부터 자몽 사업에 함께해 온 꿈아는 1973년 난곡에서 시작된 '관악 청소년 실업학교'를 모태로 한다. 야학을 운영하다 2001년 학교 밖 청소년을 위한 대안학교 꿈꾸는아이들의학교로 다시 문을 열었다. 꿈아의 소개 글엔 이런 문장이 담겨 있다. "다시 배움의 과정을 시작할 힘을 얻고 건강한 시민의 삶과 자립하는 삶을 준비한다." 대안학교에서 청소년의 자립을 고민하게 된 이유와 경험은 어떤 것이었을까?

18세에서 24세 사이의 '후기 청소년'은 한국 사회에서 고등학교 졸업과 동시에 "이제는 스스로 살아야 한다"는 사회적 요구와 압박을 더 강하게 느낀다. 하지만 고민을 나눌 사람도, 가고 싶은 장소도 찾기 어렵다.

10년 남짓 꿈아에서 교사로 활동한 문지혜는 그동안 학교 밖 청소년, 특히나 '후기 청소년'을 만나면서 자립에 대한 고민이 깊어질 수밖에 없었다고 말한다. 그는 꿈아에서 "대안적 가치를 배우고 그런 삶을 꿈꾸지만 학교를 졸업하고 사회에 나가면" 현실의 벽에 부딪혀 "지치고 깨지고 방황하는" 청소년들을 여럿 보아 왔다. 공동체라는 울타리에서 문제가 생기면 "사람들과 대화하고 풀었던" 시간이 졸업 이후에는 이어지지 못하고 청소년들은 "혼자 고군분투"해야 하는 시간 속에 던져지곤 했다. 그들은 "아르바이트를 해도 내 직장 같지 않고" 대학 진학을 하지 않으면 "어디에도 소속되지 못한다"고 느낀다. 대학에 다니는 이들조차 자신이 겪는 문제를 같이 얘기하거나 필요한 것을 배우기 어렵다. 진학이나 취업이 아니라 "자신이 생각하는 가치를 지향하면서 그것을 생활로 만들고" 싶지만 구체적으로 무엇을 해야 할지 알기란 쉽지 않다. 유동적이고 불안정한 조건에 놓인 20대의 삶 역시 10대만큼이나 "애매하다".

이 같은 삶의 조건에서 자립은 특정 시기에만 해당하는 문제가 아니고 경제적 독립만을 의미하지도 않는다. 자립은 인간의 전 생애에서 "계속적으로 시도하고 힘을 키워 나가는 과정"일 수밖에 없다. 완결로서의 '자립 상태'가 아닌 지속적인 과정으로서 '자립하는 삶'은 홀로 실천하는 것이 아닌 서로 돌보며 함께 살아가면서 이루는 과정이기도 하다.

뭐라도 해야 하지 않을까. 대안학교를 졸업한 이후에도 "돈을 내지 않고도 편하게 만나 서로의 안부를 묻고 삶의 고민을 나눌 수 있는 열린 공간"을 만들면 어떨까. 타자를 통해 나를 알고 다양한 경험을 할 수 있는 곳, 함께 모여 얘기하고 서로에게서 배울 수 있는 사람, 그 사람들이 새로운 것을 "작당할 수 있는" 모임이 필요하다. '후기 청소년'의 자립에 초점을 맞춘 자몽 사업이 그렇게 기획됐다. 문지혜가 꿈꾼 것은 익명의 공간이 아니라 "어느새 익숙해져 서로의 이야기가 모이고 추억을 만들고 시간이 쌓여 우리의 역사가 만들어지는" 장소에 가깝다. "인간답다는 것은 의미 있는 장소로 가득한 세상에서 산다는 것"*일 테니까.

#2 고치고 바꾸고, 그래서 만들어 낸 '순간들'

2017년에 시작한 '후기 청소년의 자립 작당소 플랜비'('플랜

---

* 에드워드 렐프, 김덕현 외 옮김(2005), 《장소와 장소상실》, 논형.

비')*는 입학과 수료가 있는 1년제 과정과 원하는 프로그램을 선택해서 수강할 수 있는 오픈 과정으로 구성되어 있다. '플랜B'는 '플랜A'가 아니다. 사회적 시선으로 볼 때 경로를 벗어난 것처럼 보이는, "학교 그만두고 도대체 뭐 하고 살 거냐?"라는 부당한 질문을 수시로 받는 학교 밖 청소년에게 함께 다른 길을 찾아보자는 격려이자 지지를 담은 이름이다. '플랜비'는 세 개의 영역으로 구성되어 있다. 일상 철학과 심리학, 표현 예술 수업으로 구성된 '인문학과 예술 영역'이 있고 생활 기술 수업으로 구성된 '기술과 삶 영역', 그리고 자조 모임이 있다. '플랜비'는 2016년 진행한 자몽 프로그램에 대한 반성 속에서 재구성되었다. 그것은 야학을 거쳐 대안교육을 고민해 온 꿈아의 역사와 무관하지 않다. 꿈아는 나눔의 가치, 사회적 실현, 공동 활동이 중요하다는 입장으로 청소년을 만나 왔다. 그러나 그 가치에 동의하지 않거나 거부하는 모습을 보이는 청소년도 있었고 "왜 억지로 시키냐"며 반감을 보이는 이도 있었다. 교사 문지혜는 꿈아 역시 '학교라는 틀' 안에서 "청소년을 교육 '대상'으로 보는" 경향이 있었다고 고백한다. 청소년 자신의 삶이라는 점에서 보면 그 삶의

---

* 꿈아는 자몽 첫해 사업을 평가하면서 방향을 크게 수정했다. 첫해였던 2016년 사업 참여 대상은 14~24세였다. 연령층이 다양하다 보니 자립의 구체적 목표를 집중해서 설정하는 것이 어려웠다. 그래서 2017년에는 후기 청소년(18~24세)을 중심으로 사업의 방향을 다시 정했다. 2017년 사업명은 '위기를 넘어 자립하는 삶으로! 삶의 전환을 작당하다 - 후기 청소년의 자립 작당소 플랜비'다.

내용을 무엇으로 어떻게 채울 것인가도 스스로 결정할 문제인데 "동행하는 교사가 너무 앞섰다"는 것이다.

청소년과 맞춰 나가는 과정에서 인문학 영역 중 하나인 심리학 수업은 '마음수다'로 이름과 접근법이 바뀌었다. 2016년의 심리학 수업은 상담 전문가가 심리학 이론을 포함하여 내용을 구성하고 진행했다. 참여자들은 "너무 이론적인 접근이어서 복잡하고 어려운 얘기"라며 힘들어했다. 수업 진행자는 "이 수업을 통해 진로를 찾아야 돼" 또는 "이건 알아야 돼"라는 생각을 더 많이 하는 것처럼 보였다. 수업 시간에 졸거나 "왜 그런 이론을 배워야 하는지" 이해를 못 하겠다는 반응을 보이는 청소년이 점점 늘어 갔다.

이 공부를 통해 교사는 어떤 순간을 보기를 원했고 청소년은 무엇을 만나기를 기대했던 걸까? 그 둘은 굳이 달라야 할까? 교사 문지혜는 "청소년이 다른 사람들 앞에서 자신의 마음 상태를 드러내는 순간"이 소중한 것이 아닌가 생각했다. 각자의 마음에 집중해서 사람들과 얘기하고 다른 사람들의 성향에 대해서도 같이 얘기해 보는 그 '순간', 우리는 타자를 '제대로' 만났다고 느낀다. 수업 진행자에겐 그 순간을 읽어 내고 그것에 의미를 부여하는 감수성이 있어야 하고, 이는 청소년을 바라보는 관점과 연결되어 있기도 하다. 청소년의 느낌, 생각, 기억 등이 의식의 표면 위로 떠오르는 소중한 순간을 포착할 수 있는 역량과 그들의 언어를 탐구하고자 하는 마음가짐이 필요했다. 수업이 청소년에게 다가가기 위해서 무엇이 중요한가를 고민하는 과정에서 '마음수다' 시간이 탄생했다.

일상 철학 수업의 초점도 일방적인 지식 전달이 아니라 청소년이 어떻게 체화하는지에 있다. 정해진 텍스트에 정해진 메시지를 주는 것이 아니라 청소년의 삶과 무관하지 않은 주제를 가지고 함께 풀어 가면서 '우리의 이야기'를 만드는 방식으로 수업이 진행된다. 청소년이 관심 있거나 필요하다고 판단한 텍스트를 해석하고, 그것을 다른 사람에게 말하고, 다른 사람이 하는 말을 듣고 이해하는 역량을 익히는 데 초점을 맞춘다. 읽기, 듣기, 말하기, 쓰기는 자립의 기본 역량이고 "답을 찾지 못하더라도 서로 질문을 하고 그것을 찾아가는" 시간이 중요하다고 생각한다. 수업에 참여한 지적 장애 청소년이 말했다. "선생님, 저는 '너는 왜 그렇게 생각하니?'라는 질문을 처음 받아 본 거 같아요." 이런 시도가 가능해진 중요한 요소 중 하나는 "청소년을 오래 만났지만 타성에 젖지 않고" 청소년과 소통 가능한 관점을 가진 교사의 존재였다.

졸업한 이들을 보면 "직장이든 학교든 가장 어려운 게 인간관계"라는 말을 자주 하곤 한다. 교사 문지혜는 관계를 맺을 때 드러나는 자신의 강점뿐 아니라 취약함을 알고 그것을 "얼마나 이해하고 공감할 수 있는지"가 중요하다고 본다. 자기가 누구인지 알려면 자신에게 집중하는 시간이 필요한데 인문학 수업이 도움이 될 것으로 보였다. 주위 사람들과의 관계는 잘 풀리기보다 "얽힌 채로 살아가야 할 때가 더 많다". 그래서 자립하는 삶은 엉킨 실타래의 '실마리'를 찾아가는 것이기도 하다. 그렇게 인문학 수업은 다양한 인간에 대한 경험과 관련한 궁금증을 함께 이야기하는 시간이 되었다. 그래서 한 청소년에게 인문학 수업은 "다른 사람들의 말을 듣고 그 말이 끝나면 나도 말을 할 수 있는 자유로운 분위기" 덕분에 "대화하는 것 자체가 재미있었던" 기억으로 남아 있다. 그가 만난 인문학 수업은 "자립하면서 겪는 어려움을 견딜 수 있는 굳건한 마음을 키우는" 시간이기도 했다.

목공이나 바느질 등을 배우는 생활 기술 수업은 필요한 물건을 살 때도, 고칠 때도 돈을 써야만 하는 일상에 주목했다. 인간다운 삶은 "자신이 필요한 것 일부를 만들거나 고칠 수 있는 것"이라는 생각이 생활 기술 수업에 스며 있다. 과정으로서의 생활 기술은 "악기 만드는 기술을 배우고 연주를 익히고 연주회를 하는" 일련의 시간이다. 하지만 청소년에게 이런 취지를 전달하는 과정은 쉽지 않았다. 특히 목공은 "진입 장벽이 높았다". 기술직에 대한 부정적 이미지가 동기 부여를 어렵게 만들었다. 생활 기술을 "진로와 연결해서 얘기하면 아무도 선택을 하지 않으려" 했다. 그래서 목공이 오히려 "인간다운 작업"임을 알게 되면 분명히 작업하는 사람도 성취감을 느끼고 기뻐할 거라는 믿음에서 출발했다. 저렴하고 손쉽게 살 수 있는 기성 제품들이 있지만 "딱 내 필요에 맞는 물건은 찾기 어려운" 현실에서, 자기 방의 구조와 쓰임에 맞는 물건을 만들고 "손때가 묻은 그것을 만질 때 느끼는" 감흥의 순간! 그것은 생활과 기술이 만나 물건에 기억이 새겨지는 순간이 된다.

#3 정해진 것 없이 가는 자조 모임

'플랜비'에는 모두페미, 찾아가는한국사, 프랑스자수, 자전거라이딩, 캘리그라피 등 청소년 스스로 기획하고 꾸려 가는 자조 모임이 있다. 인문학 수업처럼 자조 모임도 청소년의 입장에서 고민하는 과정이 있었다. 처음에는 청소년이 함께할 사람을 모아 자조 모임의 취지와 계획을 담은 신청서를 작성, 제출한 후 모임을 시작하게끔 하는 절차를 두려고 했다. 그러나 쓰기의 경험이 많지 않아 어려움을 토로하고, 그래서 배우러 온 청소년에게 "네가 하고 싶은 걸 하려면 신청서를 내고 절차를 따라야 한다"고 말하는 게 맞을까 고민했다. 오히려 이런 조건 때문에 주저하는 마음이 생기거나 포기한다면 자조 모임의 취지 자체가 사라지는 건 아닌가? 자조 모임은 누구를 위한 기획인가? '플랜비'는 무엇 때문에 이것을 시작하려고 했나? 이런 질문을 던지다

'플랜비'에서 진행하는 목공 수업

보니 절차가 중요한 것은 아니라는 판단을 하게 됐다.

대개 이런 모임들이 지속되지 않는 이유는 "얼마큼 해야 하는지 교사가 정해 주기 때문"이다. '플랜비'는 자조 모임의 이름에 걸맞게 "모여서 한 번 하고 없어져도 되고, 1달에 한 번 모여도 되고, 일주일에 세 번 모여도 되는" 열린 운영 방식을 두기로 하고, 그 모든 것을 청소년의 결정에 맡겼다. 결정의 자유가 있으니 할 만큼만 계획했고, 하다가 더 하고 싶으면 다시 말해서 조정할 수 있으니까 오히려 모임은 더 잘 굴러갔다. "아, 나 이런 거 하고 싶은데" 얘기가 나오면 청소년들이 같이할 사람을 찾고, 교사들도 "너도 이거 관심 있다고 하지 않았어?"라고 청소년에게 묻고 대화하면서 자연스럽게 모임들이 만들어졌다. 청소년만으로 운영하기도 하고, 강사가 필요하다고 요청하면 지원을 하기도 한다. 이렇게 진행하면서 자조 모임의 수는 점점 많아졌다.

결과적으론 자조 모임이 잘 운영되었지만 청소년에게 운영을 다 맡겨 놓는 것에 대한 불안은 없었을까? 교사 문지혜는 실제 청소년이 움직이고 만들어 가는 과정을 보기 전까지는 청소년에 대한 불신이 있었다고 고백했다. '말해 놓고선 책임 안 질 거야.' '교사가 쫓아다니면서 하라고 해야 하지 않을까.' '하기로 했으니까 온전히 책임지는 게 맞지.' 그러나 그는 곧 "말한 만큼 책임지라고 하니까 청소년이 더 이상 말을 못 하게 된다"는 점을 깨달았다. 흔히 말하는 '민주적인 교육'의 의미가 그저 '선택하게 하고 책임을 지게 하는 것'일까 하는 의문도 생겼다. '아무도 하겠다고 말하지 않고 원하는 것을 얘기하지 않고 아예 하지 않는 게 편하다고 생각하게 된 것은 청소년이 만든 문제일까?' 이런 고민들은 "말한 만큼 책임지지 않아도 돼", "일단 해 보고 다시 얘기하면 돼"라는 말로 이어졌다. "하고 싶은 걸 교사에게 얘기하고 필요하면 도움을 요청할 수 있다"고 얘기하게 되었다. 책임지게 만들어야 하는 교사와 책임져야 하는 청소년 관계가 아니게 되면서 서로 부담도 덜 갖게 되고 모임도 잘되었다. 청소년이 "스스로 만든 모임의 즐거움"을 알게 되면 1달 정도 해 볼까 해

자조 모임 모두페미에서는 페미니즘 책을 함께 읽었다.

서 시작한 모임이 한 학기 내내 이어지기도 했다.

#4 시간 주권을 돌려주기

그림 그리기를 좋아하는 청소년 염지환은 중학교 1학년 때 제도권 학교를 떠나 꿈아에서 3년을 지내고 졸업을 했다. 그는 바로 자립을 준비할 수 있는 다른 대안학교로 진학했으나 맞지 않아 그만두고 "방황을 하다가" 열아홉 살에 꿈아의 자몽 사업을 만났다. 그는 "오타쿠처럼 혼자서 그림을 그리고 만족하기보다 사람들에게 인정받고 돈도 벌고 싶었다". 그러나 자립을 고민하며 진학한 학교는 "자급자족이나 자신이 만든 물건을 팔아 살고 싶은" 사람이 가면 좋을 곳이었다. 곧 스무 살이 된다는 불안이 있었지만 학교를 그만두고 "아무것도 하기 싫어 게임만 하고" 지냈다. 그러다 꿈아에서 만난 형이 안부를 묻는 중에 '플랜비' 얘기를 했고 드디어 그는 집에서 '탈출'했다. 그는 "뭘 해야 할지 모르지만 뭐라도 해야겠다"는 심정으로 '플랜비'를 시작했다. 방향도, 계획도 모호한 상태에서 꿈아로 돌아왔지만 그는 무엇을 하게 되든 "끝까지 하겠다는 목표"만은 가지고 있었다. 대안학교를 그만둔 기억이 후회로 남아 "이번에는 반복하고 싶지 않다"고 생각했다.

사람들은 지나온 어떤 시간을 후회하며 오늘은 다르게 살고 싶다는 마음을 먹곤 한다. 그러나 오늘 무엇으로 시간을 채워야 할지 모를 때 무료함과 불안감이 함께 온다. "뭐라도 해야겠다"는 짧은 말에서 그의 후회와 불안, 결심이 느껴졌다. 이 말 속엔 몸으로 겪은 지난 시간의 기억이 담겨 있다. 어쩌면 자립하는 삶은 지나온 시간을 반추하고 오늘의 시간을 채울 수 있는 힘이 아닐까? 이것은 '누가 그 시간의 내용을 정하는가'라는 '시간 주권'의 문제이기도 하다.

꿈아에서도 청소년의 시간 사용에 어디까지 개입할지를 두고 일상적인 긴장과 다툼이 있어 왔다. 학교이기 때문에 시간표가

짜여 있기는 하지만, 스스로 무엇을 채울지 정하는 '개별 학습 시간'이 만들어졌다. 개별이지만 학습 시간이다? 이름만 보면 시간 사용자의 쓰임에 맞게 내용을 정할 수 없을 것 같은 인상을 주지만, 실제로 수업이 없는 시간이다. 이 시간에 청소년이 아무것도 안 하고 있는 걸 못 견뎌 하는 교사들이 있다. 교사 문지혜는 이것을 "선생님 병"이라고 부른다. 교사는 20~30분이 지나도 하는 일이 없어 보이는 청소년에게 "책이라도 읽을래?", "이거 해 보는 게 어때?" 하면서 '생산적인 일'을 하도록 재촉한다. 그러면 청소년은 어느새 교사가 없는 곳으로 도망가 있고, 싫어하는 반응을 보인다. 몸으로 불편함을 표현하는 걸 보면, 청소년이 자기 시간에 대한 비청소년의 간섭을 관심과 도움으로 받아들이는 것 같지는 않았다. 그래서 '플랜비'는 청소년이 아무것도 안 하는 것처럼 보여도 "시시때때로 개입하지 않았다". 자립하는 삶에서 자신의 시간 사용을 스스로 결정하는 것은 중요한 연습이기 때문이다.

'플랜비' 참여 청소년은 같이 모여서 개인 다이어리를 쓴다. 개별 학습 시간에는 놀거나 음악을 듣거나 영화를 보기도 한다. 계획을 세우고 메모를 했지만 언제든지 바꿔도 된다. 다이어리에 쓴 내용은 공유할 뿐 '평가'하지 않는다. 기록을 요청하는 것은 "시간이 어떻게 흘러가는지에 대한 자기 감각을 갖자"는 목표 때문이다. 평가 대신, 다이어리에 쓰인 시간의 기록을 보면서 실행했던 것과 하지 못한 것을 확인하고 시간의 주인이 되는 자기 수련의 과정을 만들었다. "하루, 이번 주, 그리고 이번 달 시간 사용을 계획하고 실행할 수 있는 역량", 곧 시간을 자기 주도적으로 보내는 것과 무엇을 해야 할지 아는 것은 연관되어 있다. 그래서 하고 싶은 것이나 해야 할 것이 분명하지 않은 청소년은 시간을 계획하기 어려워한다. 이런 상황에서 보통 비청소년들은 더 많은 '개입'이 필요하다고 판단해 시간을 채워 주는 방향을 선택하는 경우가 많다. 반대로 교사 문지혜는 "정규 수업 시간을 줄여서 시간에 대한 더 많은 선택권을 주는" 방향으로 고민한다. '플랜비'에서의 경험을 통해 채우기가 아닌 비우기가 청소년의 자리를 만든다는 것을 아는 것이 아닐까?

청소년 염지환은 '플랜비'와 함께한 2017년을 "좋아하는 것을 알아 가고 많은 도전을 했던" 시간으로 기억한다. 자전거를 잘 타지 못했는데 자전거 여행을 할 수 있게 되었고, "공부의 재미"를 알게 됐고, "과학 문제집 한 권도 다 풀어 보았다". 너무 힘들어 중간에 포기하고 싶은 마음도 있었지만 "진학을 위해 밤을 새며 포트폴리오 그림 30장을 다 채운" 기억은 강하게 남아 있다. "어느 정도까지 할 수 있는지를 알고 싶었고 확인할 수 있었던" 시간이었다. 바빠 지내다 보니 그는 어느새 '플랜비' 1년 과정의 끝에 와 있었다.

함께한 6명의 청소년 중에는 바리스타 관련 진학을 한 청소년도 있고, 바리스타 인턴십을 하고 있는 청소년도 있다. 어떤 이는 대학에 진학했고, 어떤 이는 하고 싶은 공부를 위해 재수를 하고 있다. 2018년에도 계속 '플랜비' 과정에 참여하는 이도 있다. 청소년 염지환은 취미로 했던 미술을 구체적으로 배우기 위해 세부 분야를 정해 대학에 입학했다. 결과 보고서에 이 내용을 쓴다면 간단하고 "평이한" 몇 줄로 요약할 수 있을 것이다. 그러나 청소년 각자의 선택 과정을 알고 있는 교사에게 그것은 몇 글자의 정보가 아니라 시간을 담은 이야기이다. "재수를 결정한 청소년은 학교에 붙었는데 '플랜비'를 하면서 자기가 원하는 풍의 디자인 학교가 있다는 걸 알게 되었고 꼭 거기를 가고 싶어 1년 더 준비를 하겠다고 했다." 이처럼 이들 각자의 선택에는 충분한 고민과 근거가 있다. 이들의 시간을 지켜보지 않았다면, "충분히 자기 삶을 일구며 살아가고 있는" 한 사람 한 사람의 역사가 보이지 않았을 것이다. 함께하지 않았다면, 이들이 어떻게 오늘과 다른 내일을 구성해 왔는지 알 수 없다.

#5 관계의 확장과 꿈아의 변화를 이끈 '플랜비'

지역에서 대안학교를 시작했지만 그동안 "학교 안의 시간표를 소화하다 보니" 꿈아는 학교 밖과 적극적으로 관계를 맺지 못했다. '플랜비'의 창업 프로젝트는 지역 사람들을 만나고 행사에 참여하는 계기가 되었다. 어떻게 지역과 관계를 맺을지 감을 잡게 된 시간이었다. 플리마켓을 하면서 지역의 다양한 청소년을 만날 수 있었고 '플랜비'에 참여한 청소년은 만든 물건을 팔면서 "작업을 인정받는다"는 느낌을 얻을 수 있었다. 아쉬움이 없지는 않았다. 지자체에서 운영하는 플리마켓은 "동원된다"는 느낌을 주었다. 회의 시간이나 플리마켓 개장 횟수, 장소 등도 "자기들끼리 정해서" 통보하는 방식이었다. 다행스럽게도 서울 관악구의 '강감찬 장군 축제'에 참여했던 경험은 좋은 기억으로 남았다. 청소년 작업장 '수작手作' 활동을 하는 청소년 6명이 지역 주민과 함께 장승 목각 만들기 부스를 운영했다. 창업 프로젝트 활동으로 참여한 것이라 지자체에 강사비 책정을 요구했고, 그 결과 청소년이 활동비를 받을 수 있었다. 많은 사람들이 부스로 찾아왔고 청소년은 강사로서 지역 주민과 만났다. 자신이 준비하고 익혔던 배움이 다른 사람에게 전해질 수 있다는 점에서 자부심을 갖게 한 시간이었다. 그동안 학교 밖 청소년의 존재를 잘 몰랐던 지역과의 소통도 늘어났다. "그곳 청소년들 일 잘하더라"는 얘기도 들었고, 필요한 자리에 초대를 받기도 했다.

  교사 문지혜에게 자몽 네트워크 모임은 "연차 있는 선생님들이 겪고 씨름하고 변화를 목격한" 살아 있는 이야기가 오가는 자리였다. "청소년을 어떻게 바라봐야 하는지, 자립을 어떻게 볼 것인지, 어떻게 삶을 살아야 할지까지" 폭넓은 고민을 던져 주었다. 네트워크의 경험은 '플랜비'를 만들어 나가는 과정에 영향을 주었고 "활동에 대한 자신감"도 주었다. 대안학교의 틀을 그대로 가져와서 '플랜비'에 적용할 수는 없다는 확신도 들었다.

대안학교 과정은 등교 시간을 9시 20분으로 정하고 출석을 부른다. 그러나 10시부터 시작되는 '플랜비'는 9시 40분까지 오면 본인이 출석을 체크하기로 하고, 오전 수업이 없는 청소년은 스스로 정해서 오기로 논의했다. 개별 학습 시간이라고 부르는 공강 시간은 청소년이 알아서 계획을 세우고 활용하기로 했다. 이렇게 시간 사용에 대한 자율권을 보장했다. 청소년 흡연 금지 규칙도 없어졌다. 대안학교는 학교생활 시간에는 담배를 피울 수 없게 한다. 그러나 '플랜비'는 흡연실을 만들었다. "흡연실이 너무 정리가 안 되는 것 같아." 다른 교사가 이렇게 말할 때면 흡연 금지 규칙을 없앤 상태에 대한 "불안감을 읽을 수 있었지만", '플랜비'는 변화 이전으로 돌아가지 않았다. 담당 교사의 역할이 중요했다. 교사 문지혜는 대안학교 교직원들에게 그런 문제에 대해 "'플랜비' 청소년에게 직접 얘기하지 말아 달라"고 부탁했다. 대신 "이런 얘기가 들려오는데 어떻게 했으면 좋겠냐"며 청소년과 상의하는 방식을 택했다. 이런 과정을 통해 청소년이 소통의 형식을 배울 수 있다고 생각했다.

'플랜비'의 변화는 대안학교인 꿈아 전체에까지 영향을 미쳤다. 원래는 시간표가 정해져 있고 그 수업을 다 듣도록 했다.

프로젝트 수업도 '어떤 가치를 배워야 하는지' 수업 목표와 내용이 다 정해져 있다. 그러나 이제는 청소년이 원하지 않으면 정해진 수업을 듣지 않고 대신 그 시간에 무엇을 할지 스스로 결정해서 다른 활동을 할 수 있게 되었다. 학교에 오면 휴대전화를 서랍에 넣고 사용할 수 없었는데 이제는 각자 소지를 하고 알아서 사용하면 된다. 대안학교의 청소년도 흡연실을 사용할 수 있도록 규칙이 바뀌었다. 학교에서 학생들에게 이런 내용을 제안했을 때 학생들은 일단 진행해 보고 문제가 생기면 다시 이야기하자고 했고, 학교는 이들의 의견을 받아들였다. 전반적인 논의는 규칙을 없애는 방향을 향하고 있다. 전에도 규칙에 대한 청소년의 문제 제기는 계속 있었고, 논의도 있었지만, 문제가 생기는 것에 대한 우려가 커서 금지하는 규칙을 없애거나 바꾸는 결정은 계속 미뤄져 왔다. 대안학교이긴 하지만 '학교'라는 틀 안에서 논의하다 보니 어려움이 있었다. '플랜비'는 미뤄 두었던 숙제를 해결하는 계기를 만들어 주었다. '플랜비' 청소년들의 모습을 지켜보면서 꿈아의 대안학교 과정도 전환에 필요한 용기를 낼 수 있었다.

#6 졸업이 아닌 '수료'를 택한 까닭

2018년 2월, 꿈아에서는 대안학교 졸업식과 '플랜비' 1년제 과정 수료식이 있었다. 졸업이 아닌 수료라고 부르는 이유는 무엇일까? 대안학교는 '학교'이기 때문에 입학과 졸업의 과정이 있다. 학교는 졸업 후에 청소년이 한 사람의 몫을 담당할 수 있도록 "더 넓은 세계로 내보내기 위한 교육"을 한다. 졸업과 함께 떠날 수 있는 청소년은 축하와 함께 보낼 수 있다. 하지만 "떠나지 않거나 떠남을 두려워하는" 청소년도 있다. 이런 상황을 만들고 싶지 않은 교사는 모진 말로 떠남을 재촉하기도 한다. "이젠 네가 책임을 져야 돼." "이젠 너 스스로 알아서 해야 돼." 자립하는 삶을 고민하면서 교사 문지혜는 의문을 품게 되었다. "졸업 이후의 삶에 과도하게 무게를 두어 졸업과 동시에 완결을 지어야 한다는 생각이 너무 강한 것은 아닌가. 자립은 '이걸 이렇게 극복했어'가 아니라 '고민하다 보니 이런 한계를 알게 됐어'에 초점을 두어야 하는 것은 아닌가." 그래서 '플랜비'는 누구나 머물고 싶은 만큼 머물고 같이 해 볼 수 있는 여지를 열어 둔다는 의미에서 졸업이 아닌 '수료'를 선택했다.

한국 사회에서는 한계를 알고 인정하는 것을 "자기 배려의 방법"이 아니라, 현실에 안주하는 패배자의 말로 여기는 경향이 있다. 그러나 "자기 한계를 인정한다는 말은 자기 능력에 미리 선을 긋고 노력하지 말라는 뜻이 아니라 다룸의 문제"[*]로 본다

---

[*] 엄기호(2017), 《공부 공부》, 따비, 141쪽.

는 의미다. 한계를 잘 다룰 줄 알게 되면 다음 단계로 넘어갈 수 있는 용기와 자신감이 생길 수 있다. '플랜비'와 함께했던 청소년과 교사의 얘기를 들어 보면 한계를 알아 가는 과정은 절망이 아닌 즐거움이었던 것 같다. 청소년 염지환은 "어디로 갈지 몰라 큰 기대 없이 시작했지만 목표를 이루고 뿌듯함을 느꼈고 지나온 시간에 만족한다"고 말했다. 현장 방문 때 '플랜비'에 대해 얘기하는 교사 문지혜도 늘 신나 보였다. 즐거워하는 에너지가 느껴져 '플랜비'가 더 궁금해지곤 했다. 청소년처럼 교사도 '플랜비'를 통해 "원하는 것이 만들어지는 과정을 볼 때 즐거웠다"고 말한다. "혼자는 힘들고 외롭지만 같이했을 때 더 재미있고, 싸울 때도 있지만 그걸 넘어섰을 때 느껴지는 기쁨"이 있다. 교사로서, 사람으로서 "즐거워하는 청소년을 보면 함께 행복해지는" 이야기들이 '플랜비'에서 만들어지고 있다.

| '플랜비'를 함께 일군
| 교사의 이야기

"벌써 이렇게 됐네?" 하게 되는 교육

문지혜 꼭 전날 밤에 술을 먹고 학교에 오는 청소년이 있었어요. 굳이 학교에 와서 자는 거예요. 처음에는 걔를 별로 안 좋아했어요. 술 먹었으면 집에 가서 자면 되지 왜 여길 오나 했어요. 제가 1년 꿈 아 일을 쉬다가 복귀해서 수작 수업을 하게 됐는데 그 친구가 첫해 멤버였어요. 수작 수업 시간에 또 자는 거예요. 잠 말고 다른 거 할 게 없을까 고민했어요. 근데 어느 순간 그 친구가 자고 일어나더니 "심심한데 뭐 할 거 없어요?" 그러는 거예요. 충격을 받았어요. 저는 술을 먹고 와서 자고 가는 사람은 '내가 뭐 할 게 없을까' 하는 생각을 안 하는 줄 알았어요. 그냥 주어진 대로 산다고 생각했거든요. 그래서 어떤 교육을 해서 선도해야 된다는 생각이 강했어요.

근데 걔가 "뭐 할 거 없어요?" 그러고, 도구를 만지면서 "선생님 이거 할 줄 알아요?" 그러는 거예요. 그래서 제가 "그거 해 볼래?" 물으니까 "해 볼까 봐요" 하고 답하는 거예요. 그때 그런 생각이 들었어요. 인간은 나에게 주어진 시간을 뭔가 의미 있는 것으로 채우고 싶어 하는구나. 인간은 누구나 그런 마음이 있구나. 이 친구가 무엇을 어떻게 채울지 내가 제시하기보다 이 친구 입장에서 찾아볼 수 있지 않을까 하는 생각을 했어요.

  그 친구를 가까이에서 보면서 청소년을 다르게 보게 된 거 같아요. 저는 교실에 10명이 있으면, 어떻게 하면 그 10명의 역동을 만들까, 어떻게 목표를 이룰까, 이런 식으로 목표 지향적인 태도가 강했거든요. 자몽에 참여하게 되면서 청소년 안에 있는 인간의 속성들을 보게 된 거 같고, 자립과 연결해서 생각하게 된 거 같아요. "우리 이거 만들어 볼래?" 하면서 함께 하면 시간이 너무 금방 가고, 더 있고 싶어 하고, 우리가 있는 시간이나 하는 것들을 같이 애정을 가지고 바라보게 된 거예요. 이런 걸 계속했으면 좋겠다, 뭔가 만들어 나가다가 두세 시간 훌쩍 지나 있고 "벌써 이렇게 됐네?" 하게 되는 교육을 할 수 있지 않을까, 그런 생각을 하게 됐어요.

| '플랜비'를 함께 만든
| 청소년의 이야기

"뭐라도 해야 한다"는 생각의 역사

엽지환 그림은 좋아서 계속 그렸고 막연하게 계속하다 보면 이걸로 먹고살지 않을까 정도로 생각을 했지 결정한 건 없었어요. 어른들이 물어보면 미술로 먹고살 거라고 뻥치긴 했어요. 아무래도 학교 밖 청소년들은 뭐라도 하고 있다고 말해야 하거든요. "너는 일반 학교를 다니지 않으니까 뭘 할 거냐? 학교를 안 다니는 대신 뭘 하면서 살 거냐?" 하면 답할 게 딱 있어야 돼요. 아니면 학교를 나올 만한 타당한 이유가 있어야 돼요. 없으면 되게 한심한 눈초리로 쳐다봐요.

옛날에는 이런 반응이 싫고 저를 인정해 줬으면 좋겠다는 생각이 있었는데……. 이제는 학교 밖 청소년으로 산 지 짬밥이 좀 됐잖아요. 그래서 어차피 이해할 거 아니니까 입 아프게 설명하지 말고 그냥 당당하게 "아, 저 학교 그만뒀어요" 그렇게 말하거나 아예 말을 더 못 걸게 할 말만 딱 하고 더 이상 얘길 안 해요. 사람들의 그런 부분은 포기하면 돼요. 겉으로는 "학교를 그만둘 수도 있지" 그렇게 얘길 하는 어른들이 몇 명 있어요. 저는 그 말 안 믿거든요. 제가 면전에 있으니까 그렇게 말하는 거지, 사실은 그렇게 생각하지 않을 수 있다고 보는 거죠. 제 생각이 꼬인 걸 수 있는데 어른에 대한 신뢰가 없었어요.

그냥 주위에 비슷한 사람들이 많으면 서로 의지하면서 충분히 살아갈 수 있는 거 같아요. 재밌게 잘 살아요. 어른들의 시선은 힘들지만 여기에서는 아무래도 자유롭죠. 자유로우면 마음이 편해요. 내가 원치 않는데, 예를 들면 일반 학교에 제가 별로 가고 싶지 않은데 계속 가야 한다면 마음이 좋지 않죠. 다니고 싶지 않으니까, 마음 편하려고 학교를 때려치운 거니까.

예전에 '뭐라도 해야 된다'고 생각했던 건 남들 시선을 좀 덜 받기 위한 거라면, 지금의 내가 '뭐라도 해야 된다'고 생각하는 건 앞으로의 삶을 위해서, 내가 원하는 삶을 살고 싶으면 '뭐라도 해야 된다' 그런 거예요.

'플랜비'는 뭘 할지 모르겠다는 사람들도 오면 좋고, 하고 싶은 게 있지만 자신이 없다고 생각하는 사람들이 와도 좋을 것 같아요. 저는 자신감이 확고하지 않았거든요. '플랜비'에서 누가 뭘 해 준다기보다는, 저는 다니다 보니까 알게 됐어요. 약간 '약' 파는 거 같은데, 저는 그랬어요.

'맷집'을 키우며 일궈 낸 일터이자 배움터

청소년 직업 훈련 매장 커피동물원

한낱

커피동물원(커동) 1호점이 잠정적 휴업에 들어간다는 소식*을 듣고 마음이 먹먹해졌다. 청소년들의 자립을 지원하기 위해 매장을 꾸렸지만, 정작 매장의 자립과 생존이 어려워 문을 닫는 곳이 수두룩하다. 위기일발의 운영 여건 속에서도 10년 가까이 든든히 자리를 지킨 커동은 그래서 더욱 주목을 받았다. 청소년들과 함께 창업 계획을 세우며 준비한 3년, 창업 후 시행착오를 겪으며 달려온 6년을 정리해 사례 연구 발표를 진행하기도 했다. 자립 지원 공간으로서의 정체성을 정립하고, 활동과 운영 경험의 모델화를 목표로 한 이 연구 작업은 2015년 커동이 기획한 자몽 사업이었다. 2016년엔 커동 2호점 창업을 준비하며 당시 커동에서 일하던 청소년들의 일본 해외 출장을 지원했다. 그리고 2017년 1월, 직업 훈련 전문성과 자율성을 높이기 위한 시도로 2호점 '로스트 앤 파운드(로파)'가 영업을 시작했다. 이렇게 새로운 도전을 이어 가던 커동이 갑작스레 문을 닫는다는 건 적지 않은 충격과 안타까움을 던졌다.

"청소년들의 불안정함, 매장의 불안정함을 잘 맞이해야 하는데, 시간이 지날수록 '맞는' 마음이 커지는 것 같아요. 마음의 '맷집'만 커지는 거 아닌가. (웃음) 그래도 그 속에 매몰되기보다

---

* 커피동물원(1호점)은 가톨릭대학교 성심교정의 공간 지원에 힘입어 학내 커피 전문점으로 2009년 9월부터 직업 훈련을 시작했다. 건물 공사로 더 이상의 임대가 어려워져 2018년 6월까지 운영 후, 잠정적인 휴업에 들어갔다.

는 해결책은 없지만 뚫고 나가야지요." 2호점 테이블 한쪽에서 이뤄진 인터뷰의 서두를 연 김정미 대표의 목소리가 무거웠다. 무엇이 커동의 실천을 어렵게 만드는지, 그럼에도 커동이 왜 존재해야 하는지, 고군분투 속에서 커동이 맛봤던 결실은 어떠한지 차분히 여줬다. 비틀거리며 갈지라도 커동이 스스로의 발걸음을 되돌아볼 수 있도록. '해결책'은 뚜렷하지 않을지라도 문제를 풀어 나갈 퍼즐 조각들을 찾을 수 있도록.

이 글은 커동의 실천에 대한 완벽한 평가서가 아니다. 실무자에 따라, 함께 일하는 청소년에 따라, 법인의 여건에 따라 커동은 변화무쌍했고, 오르락내리락했으며, 가끔은 길을 잃은 듯 방황하기도 했다. 커동 1호점과 2호점의 성격이 같다고도 할 수 없다. 그러나 커동이 지금까지 실험하며 발견한 깨달음 가운데 누군가에겐 '등불'이 될 만한 이야기들이 분명 살아 있다. 그리고 그 이야기는 자립 훈련 매장을 준비하고 있는, 또는 이미 운영하고 있는 현장들이 고민의 출구를 찾는 데 분명 보탬이 될 것이다.

#1 커피동물원의 존재 이유

"어린 나이에 일을 구하려니 일할 곳이 진짜 없었어요." 열일곱 살 무렵, 커동에서 처음 일하기 시작한 연아름은 구직 가능성이 터무니없이 낮았던 청소년기를 떠올렸다. 연아름뿐만 아니라 커동에 일자리를 구하러 온 청소년들의 사정은 누구 하나 빼놓을 수 없이 갈급하다. 당장 하루를 살아갈 생계비를 마련하지 못하거나, 일정한 주거 없이 쉼터와 거리를 오가는 생활을 이어가기도 한다. 가족과 단절된 생활을 하고 있음에도 청소년 개인이 아닌 가족을 기본 단위로 해서 기초 생활을 지원하는 복지 체계 때문에 최소한의 여유를 갖기도 버겁다. 가까스로 구직에 성공한다 해도, 가장 열악한 노동 환경에 처하기 쉽다. 오래 버티지 못하고 튕겨져 나오듯 일을 그만두는 상황이 반복되면, 숙련을 쌓거나 목돈을 저축하기도 매우 어렵다. 청소년 노동 세계를 면밀히 분석한 책의 제목이 《십 대 밑바닥 노동》일 만큼 참담한 조건이다.

  삶의 위기는 갑작스레 찾아올 때도 있지만, 대개 지속적인 박탈의 경험이 누적된 결과로 초래된다. "기회가 재차 생략된" 이들, 그래서 "평등한 시작"을 할 수 없었던 이들에게 "체질에 맞는 직업 훈련 과정"이 절실히 필요했다. "변화와 기회는 같은 말인 것 같아요." 삶의 여건이 변화하려면 최대한 많은 기회를 가져야 한다고 김정미 대표는 생각했다. 일방적인 보호만으로는 충분한 기회를 맞이하기 어려웠고, 사회에서 직면한 일터는 열악하거나 냉정했다. 청소년들에게 커동이 의미 있는 기회가 되기 위해서는 이이들의 속도와 상황을 고려한 노동 경험이 가능해야 했다.

2015년 사례 연구* 과정에 참여했던 한 청소년은 커동에서 경험한 노동을 이렇게 빗댔다. "커동은 일을 맞춰 가면서 해 줘요. 할 수 있는 만큼. (……) 1부터 5까지 단계가 있는데 제가 처음에 딱 사회생활 들어가면 거기서는 3으로 시작하잖아요. 1이나 2를 못 하면 화내고. 여기서는 내가 3도 해 보고 5도 해 보고 이랬는데, 안 돼요. 그럼 2를 먼저 시켜 주는 거죠. 2부터 하나하나 단계를 설명해 주고 맞춰 준 다음에 3도 하고 4도 하고 이런 식으로."** 창업 준비부터 시작해 2016년 상반기까지 매장 운영을 총괄했던 김선옥 전前 팀장은 "자유분방함이 제도 안에 들어올 수 있는 연습" 과정으로 청소년들이 커동을 거쳐 가길 바랐다. 일터에서 청소년들이 어떤 대우를 받는지 짚지 않고, 오래지 않아 일을 그만두는 이들의 "자유분방함"에 무조건 불성실하거나 무책임하다는 꼬리표를 붙이는 건 부당했다.

#2 '최소한' 어떻게 일하는 곳이어야 하나

카페 매장으로 자립 훈련을 진행하고자 하는 다양한 기관의

---

* 김지선(2015), 〈참여 청소년의 경험을 통해 살펴본 커피동물원 공간의 의미〉,《직업 훈련 매장 커피동물원 사례 연구 발표: 커피동물원 거기에서 뭐 하니?》, (재)성심수도회 커피동물원.
** 김지선(2015), 앞의 자료집, 49쪽.

실무자들이 커동을 견학차 방문한다. 매장 오픈이 임박한 상태에서 막막한 마음에 덜컥 매뉴얼부터 공유해 주길 요청하는 경우도 있다. 자문을 구하는 사람들에게 김정미 대표가 가장 먼저 던지는 질문이 있다. "카페를 누가 하길 원하나요?" 탄탄한 준비 과정 없이, 함께 일할 청소년들이 무엇을 원하고 필요로 하는지 귀 기울지 않고 출발한 매장이 오래 지속되긴 어렵다. 자립 훈련 매장은 '일하면서 동시에 배우는 곳'이고, 자발성과 존중은 이러한 장소 정체성을 유지하는 데 가장 핵심적인 가치다. 매장을 시작할 때뿐만 아니라, 어떤 사업을 추진할지 결정하는 순간마다 청소년들의 필요와 호응을 고려하는 게 중요했다. 스태프 회의[*]가 가장 활발히 진행됐던 커동 초창기, 김선옥은 카페 운영과 관련된 모든 사항을 스태프들과 공유하고 사업 추진 여부를 함께 결정했다. "청소년들이 해 보자고 해서 바리스타 1일 체험[**]이나 케이터링 사업[***]을 시도한 거지 처음부터 실무자들이 계획한 건 아니었어요. 매장 업무에 익숙해진 이들 중에 새로운 시도를 해 보고 싶은 이들이 있었던 거죠." 청소년들의 자기 의지를 확인하고, 그 의지를 현실화

[*] 주 1회 모든 스태프가 모여 매장 운영과 관련된 사항을 함께 결정하는 회의.
[**] 중고들 또는 청소년 관련 기관에 속한 청소년들이 커동에 와서 바리스타 일을 체험하는 프로그램. 커동에서 일하는 청소년들이 프로그램을 직접 진행했다.
[***] 지역 사회 행사나 기업 의뢰가 있을 때 현장으로 나가 커피를 판매했다. 요청할 경우, 간단한 식사와 베이커리 준비도 겸했다.

할 때 비로소 사업이나 프로그램이 '배움'을 남기며 추진될 수 있었다.

"법! 여기만큼 잘 지키는 곳이 없다는 걸 나가서 많이 깨달았어요." 커동에서 일하다 다른 직업 세계를 경험하고 싶어 이곳을 떠났던 연아름은 2호점 로파에서 다시 일을 시작했다. 사장의 감시가 유달리 심했던 와플 가게, 하루 14시간 일해도 정작 100만 원도 못 받는, "진짜 이건 아니다 싶은" 카페를 거쳤다. 그런 곳들에선 근로 계약서 작성도 건너뛰기 일쑤였다. 그나마 다행인 건, 전년도 매출과 비교해 부족분을 아름에게 메꾸라고 요구했던 사장을 노동청에 직접 신고해 떼였던 임금을 돌려받은 일이었다. "노동권에 대한 것을 여기서 배워야지 밖에 나가서도 요구할 수 있죠." 일하는 청소년들의 노동권 보장을 후순위로 두지 않는 커동의 이유다. 자립 훈련 매장은 일반 매장과 달리 수익 창출을 최우선 목표로 삼지 않는다. 훈련을 위한 추가적 비용도 든다. 그러니 늘 빠듯한 예산으로 운영하거나 적자를 면하기 어렵다. 아직 훈련 중이라거나 예산 부족을 이유로 최저 임금 기준을 지키지 않는 곳, 주휴 수당을 지급하지 않기 위해 일주일에 3~4일, 하루 3~4시간씩만 고용하는 곳들이 여전히 존재한다. 현실적 어려움을 부정할 순 없지만, 그렇게 해선 직업 훈련의 효과를 기대할 수 없다고 김정미 대표는 강조한다. 커동도 간신히 최저 임금에 맞춰 지급할 수 있을

커피동물원 매장 모습

뿐이지만, 청소년들은 "이렇게 꾸준하게 일한 곳은 이곳이 처음"이라고 이야기 한다. 이는 커동이 '존중을 경험한 첫 일터'라는 뜻으로 동시에 읽힌다.

"사실 커피는 크게 상관이 없는 것 같아요. 그중에 몇 명은 커피가 좋을 수도 있지만, 동료들과의 관계의 역동 그리고 외부 불특정 다수와의 관계들이 여기서 일을 하는 데 힘을 주지 않았을까." 김선옥의 말처럼, 청소년들은 손님과의 대면 접촉이 많은 캐셔 업무를 가장 힘들어하면서도 음료 맛에 대한 손님들의 호평이 있을 때 가장 성취감을 느끼곤 했다. 자신의 노동이 타인에게 미친 영향을 직접 확인할 수 있는 순간이기 때문일 것이다.

일하면서 동료들과 주고받는 상호 작용도 중요했다. 매장은 바쁘게 돌아가고, 서로 소통하고 호흡을 맞춰 일하지 않으면 음료를 기다리는 손님들의 줄이 길게 늘어섰다. 훈련 기간과 숙련도를 고려해 어시스턴트, 바리스타, 메인 바리스타, 캐셔 등 서로 다른 역할을 수행하는데, 먼저 앞선 단계를 경험한 구성원은 다른 구성원의 역할에 대해 잘 알고 있기 때문에 상대를 이해하고 배려하며 일할 수 있었다.* 음료를 쏟는 등의 위기 상황을 함께 해결하고, 진상 손님 상대하는 방법을 같이 골몰하면서 "나를 생각해 주는 사람이 있구나" 하고 동료애를 느낄 수 있었다. "여러 명이 같이 몰두하고, 함께 배우는 재미도 있고, 매장이 어느 정도 바쁘기도 해야"** 청소년들이 집중할 수 있는 분위기가 형성됐다. "커동에서는 사람을 대하는 방법을 배운 것 같고. (……) 그냥 커동에서 제일 많이 변한 것 같아요."*** 관계 속에서 노동을 일구고, 노동을 통해 관계 맺기의 즐거움을 체득하는 과정이 곧 자립의 과정이 되었다.

---

* 김지선(2015), 앞의 자료집, 55쪽.
** 동시간대 평균 5~7명의 청소년과 실무자들이 함께 일하는 구조였고, 학내 매장의 특성상 방학 기간을 제외하곤 영업 매출이 상당했다.
*** 김지선(2015), 앞의 자료집, 47쪽.

#3 결코 만만치 않은 자립 훈련 매장의 생존

수익 구조로 인한 운영상의 어려움을 토로하는 다른 기관의 실무자들에게 "우리처럼 해 보라"고 말할 수는 없었다. 커동은 가톨릭대학교의 공간 지원에 힘입어 임대료와 관리비 없이 운영할 수 있었고, 이는 카페의 존속과 유지에 결정적 영향을 미쳤다. 쉼터를 비롯한 거주 시설은 〈청소년복지지원법〉에, 문화·여가 활동을 지원하는 각종 수련 시설은 〈청소년활동진흥법〉에 설치와 존립의 근거가 명시되어 있으며, 이들 시설의 운영비 일부를 지자체나 정부 부처 차원에서 지원한다. 그러나 자립 훈련 매장은 "법적으로 보장된 공식적인 지원 체계가 없고, 중소기업 관련법을 동일하게 적용받을 뿐"이다. 프로젝트 기금 지원이 끊기면, 그해로 문을 닫는 매장들이 많을 수밖에 없다. 오랫동안 커동의 살림을 돌봤던 김선옥은 호주의 사례를 들어 운영비 보조의 제도화 필요성을 강조했다. 호주 정부는 커동과 유사한 역할을 하는 기관들의 직업 훈련 인건비(훈련 교사, 청소년 모두)를 전액 지원한다. "무상 임대였는데도 2년에 한 번 재계약 시기가 돌아올 때마다 청소년들이 상당히 불안해했어요." 김선옥은 임대료 같은 공간 유지 비용만 충당되어도 훨씬 숨통이 트일 것이라 말한다.

돈 문제를 넘어선 어려움도 있다. 매장 내외부에서 겪는 어려움을 한두 명의 실무자가 "독고다이로 떠맡아" 고민해야 할 때 쉽게 '번 아웃'에 이르고, 무력감에 빠진다. 운영 법인에서 인건비를 지원하지만, 실무자가 자주 바뀌거나 아예 실무자를 구하지 못해 문을 닫는 곳도 생긴다. 지자체의 조력으로 공간은 열었지만 "할 일이 없어서" 제 기능을 못 하는 경우도 있다. "청소년들의 특성을 발견해 할 일을 찾고, 일을 '만들어 가며' 해야 하는데" 그럴 수 있는 구조 자체가 만들어지지 않는 것이다. 규모와 예산상의 이유로 실무자 1명과 청소년 1명이 일하는 매장들이 많고, 이러한 경우 새로운 훈련 요소를 찾고 시도하는 것 자체가 어렵다. 매장을 단순히 영업장으로 보는 것이 아니라 "기관이 하나 생기는 것"으로 인식하고 지원 방식을 고민해야 하는 이유다.

#4 실무자의 정체성 혼란과 역할 찾기

매장 운영의 어려움과 더불어 실무자들은 '나는 왜 이 일을 해야 하나', '나는 사회 복지사인가 캐셔인가'와 같은 정체성의 혼란을 겪는다. 같은 법인의 쉼터에서 일하다 커동을 담당하게 됐던 김선옥은 자립 훈련 매장의 의미를 잘 몰랐던 창업 초창기, 가장 힘든 시간을 보냈다. 매장의 문을 여는 시간부터 닫는 시간까지를 책임지는 것 이외에 다른 생각을 할 수 없었다. 청소년들을 생활 교사가 아닌 '직장 상사'로 만나야 한다는 부담감도 컸다. "제가 경험한 일자리들은 위계가 있고 그랬으니까. 청소년들에게 그 문화를 전달해 줘야 한다고 생각했어요." 쉼터에 있을 땐 편하고, 친근하게 청소년들과 만나려 노력했는데 커동에선 "강하고 엄격해야 한다"고 스스로의 역할을 규정했다. "쉼터 선생님들이 매장 안에 들어오면 딱딱해지는 거예요."* 청소년들도 동시에 혼란을 느꼈고, 관계의 모양과 거리를 다시 설정하기 위한 시행착오를 한동안 겪을 수밖에 없었다.**

"제가 꼭 악역을 하지 않아도 되겠더라고요." 2011년, 청소년 3명과 함께 실무진을 꾸렸던 경험은 김선옥에게 큰 배움을 남겼다. 이 시기를 거치며 청소년들과 동료적 관계를 맺으려는 노력이 얼마나 중요하고 즐거운지 체감할 수 있었다. 훈련 비용 확보를 위한 외부 회의나 업무가 많았던 터라 매장으로 출근하지 못하는 날들이 있었는데, "선생님은 맨날 놀고. 우리는 힘들어 죽겠는데……" 하며 청소년들이 불만을 표출했다. 서운한 마음도 들었지만, 청소년들과 더 자세히 업무 내용을 공유하기 시작했다. "이걸 줄여 봐요." "이거 우리 안 할게요." 공모 사업 계획

---

* 김지선(2015), 앞의 자료집, 64쪽.
** 커피동물원은 성심디딤돌청소년쉼터에서 살고 있던 10대 여성 청소년들과 실무자들이 함께 창업한 공간이다. 2011년 쉼터와의 1차 분리 운영이 결정되기 전까지, 주로 디딤돌 거주 청소년들이 훈련에 참여했다. 실무진은 커동을 전담하는 실무자 1인, 쉼터와 커동을 동시에 총괄하는 팀장 1인이 있는 체계였다.

안을 같이 검토하다 재정이 걱정되면 청소년들이 선뜻 예산 감축을 먼저 제안했다. 학교 건물 공사로 2달간 매장을 휴업해야 하는 상황에서도 근무 시간 조정과 이동식 카페 차량 운행 등 위기를 견디고 벗어날 아이디어를 함께 모았다. "이야기를 오픈 안 했으면" 얻지 못할 마음들, 말들이었다. 직급에 따른 위계나 강제, 명령이 사라져도 일터는 무너지지 않았다. 정보와 권한의 공유, 운영의 무게를 함께 짊어진 경험이 일터를 향한 책임 의식을 이끌었다.

자립 훈련 매장에서 실무자는 직업 훈련을 안내하는 훈련 교사이자 청소년 노동자들과 일하며 매장을 운영하는 사업가이기도 하다. 이 복합적 위치를 스스로 인정해야 청소년들과 어떻게 만나야 할지 보이기 시작한다. 김선옥은 청소년들이 실무자와의 밀착된 만남을 필요로 하는 훈련 초기를 제외하면, 한 걸음 떨어져 "매장의 전체 역동을 봐야 한다"고 강조한다. 청소년들이 매장에서 겪는 각각의 어려움을 실무자 혼자 다 해결할 수 없다. 음료 제조, 손님 응대 등 비슷한 위치에서 먼저 겪어 본 동료가 다른 동료에게 도움을 줄 수 있는 영역도 많다. 모든 문제를 움켜쥐고 해결하려는 태도가 오히려 청소년들 사이에서 서로의 역할을 축소시킬 수도 있다고 김선옥은 생각했다. 스스로 매장 상황을 파악하고, 끌어 갈 수 있는 청소년들이 늘어나도록 전반적인 훈련 안정성을 조율하는 것이 자신의 역할이라 여졌다. 청소년들이 어느 정도 안정을 이루면, '사업가적 마인드'를 갖고 운영 자금 확보의 길을 찾는 등 외부 활동 쪽으로 무게 중심을 이동했다. 그러나 "돈을 끌어오거나 사업을 늘리는 내용이 청소년들의 훈련과 항상 연결"되어 있어야 했다. 그렇지 않고선 청소년들도, 실무자도 감당하기 어려웠다. 거리 청소년들이 참여하는 커피 아카데미의 강사로 청소년들이 직접 나섰던 일, 커피 납품 업체에 방문한 후 발주 업무를 담당하는 역할을 따로 만들었던 일, 그 모두가 매장에서만 일하는 것의 한계를 넘어서기 위한 시도였다. 고인 물처럼 정체기가 찾아오는 이들에게 다시 물꼬를 여는 경험이 필요했고, 이러한 분명한 목표를 두고 사업을 계획하고 추진할 때 '왜 이곳이 지속되어야 하는지', '내가 왜 이 일을 하는지' 이유를 조금씩 발견해 나갈 수 있었다.

#5 "진짜" 세상과 부딪히며 매장의 주인으로: 청소년들의 주체성과 역동

"모두가 서툴고, 서로의 역할도 잘 모르고, 체계도 잡혀 있지 않았어요. 그런데, 그랬기 때문에 청소년들과 동등하게 고민하고 체계를 같이 잡아 나갈 수 있었어요." 아이스 커피에 얼음을 넣지 않는 실수를 할 정도로 바리스타 김선옥은 서툴렀다. 창업 준비 단계에서 커피 제조 훈련은 청소년들이 더 많이 받은 상태였고, 청소년들에게 물어 가며 커피 일을 배웠다. 스태프 회의에서 의견 교류도 활발했다. 바bar에서는 어떻게 움직여야 효율적인지, 서로 손발이 맞지 않았을 때 어떻게 조율할지, 상품에 문제가 있어 손님의 항의를 받으면 어떻게 처리할지 등 하루에 벌어지는 모든 일에 대해 거의 매일같이 고민을 나누고 토론했다. 가장 혼란스럽고 시행착오도 많았던 창업 초기의 경험이 이후 어려운 시기를 겪을 때마다 "지금 우리가 어떻게 가야 할 것 같은지" 방향을 알려 주는 나침반이 됐다. 고단했지만, 그만큼이나 매력적인 시간들이었다.

"청소년들이 이 일을 해내고 싶고, 우리끼리만 있는 게 아니라 불특정 다수의 손님들을 직접 만나게 되니까 본인들의 목표를 스스로 정해 나가더라고요. 그것을 해내기 위한 교육을 먼저 요청하기도 하고요." 김선옥이 자립 훈련 매장의 필요와 의미를 확연히 느꼈던 장면이다. 가상의 직업 체험으로는 빚어질 수 없는 역동이 일터에선 활발히 일어났다. 매장이 늘 바빴기 때문에 처음엔 교육에만 전념할 수 있는 별도의 시간과 장소가 필요하다고 생각했다. 그러나 "커동이 힘들어도 청소년들이 여기에 있는 건 바쁘기 때문"이기도 했다. 이들이 스스로 훈련을 필요로 하는 순간은 영업 중, 매장 안에서 벌어졌다. 매장은 손님이 있고, 해결해야 할 상황이 생기고, 그에 따른 역할이 청소년들에게 주어지는 공간이다. 현장 '안'에서, "진짜" 세상과 부딪히며 생각하고, 판단하고, 적용하고, 결정하는 온 과정이 자립 훈련으로 연결됐다.

"주인 의식을 갖게 하는 것과 주인이 되는 것은 다른 것 같아요." 청소년 실무자 3명이 주도해 매장을 운영했던 2011년, 김선옥은 매장의 주인으로 살아가는 청소년들의 모습을 벅차게 만날 수 있었다. 마감을 한 후 소소한 뒷풀이를 할 때마다 "우리는 직원이 될 수 없어요?"라는 질문이 종종 화제로 등장했다. 일에 재미를 붙이고 안정적으로 훈련에 참여하던 청소년들이 있었고, 김선옥 역시 2년 정도 일하며 조금씩 자신감이 붙을 때였다. "혹여 빵구가 나도 커버해 보겠다"는 마음으로 새로운 운영 방식을 시도했다. 팀장은 외부 업무에 집중하고, 청소년 1명이 회계 행정을, 다른 2명은 매장을 담당했다. 3명이 서로 일하는 스타일이 모두 달랐는데, 이것이 매장 운영의 장점으로 발휘됐다. 각자의 캐릭터를 살려 당시 함께 일했던 7~9명 동료들의 업무 상담이나 고민을 적절히 나눠서 들어 줄 수 있었다. 영업이 끝나도 곧바로 가지 않고 서로 자연스럽게 일할 때 드는 생각을 수다로 나누고, 추진하고 싶은 일을 팀장에게 먼저 요청했다. 외부 교육은 줄이고, 커피나 서비스 관련 교육을 스스로 만들어 꾸리기도 했다. "일하는 청소년들의 만족도는 그해가 가장 높았어요." 청소년들과 실무진을 꾸리면 팀장의 일이 더 힘들어질 거라는 주변의 예상을 뒤엎었다. 2011년은 청소년들의 평균 연속 훈련 기간이 가장 길었던 해로 기록에 남았다.

"문제가 생겼을 때 청소년들끼리 해결한 거예요." 물론 해결이 안 된 일들도 있고, "그렇게 하면 안 될 것 같은데" 싶은 걱정되는 순간도 많았다. 그러나 청소년들이 스스로 찾은 해법에 만족하며 일한다는 것이 무엇보다 중요했다. 노파심을 품고 우려했던 상황이 실제로는 벌어지지 않기도 했다. "개입하려는 마음이 더 잘하고 싶은 욕심이거나, 청소년들을 과소평가한 결과일 수 있겠다는 생각이 들었어요." 이듬해 법인의 상황이 어려워져 다시 운영 체계의 변동을 겪어야 했고, 2011년의 도전이 해를 넘어 지속되진 못했다. 그러나 개입의 정도를 낮출수록 청소년들의 역량이나 소속감이 오히려 더 커질 수도 있다는 걸 발견한 특별한 해로 깊은 흔적을 남겼다.

커피동물원에서는 공정 무역 캠페인을 진행하는 등 의미 있는 활동을 하려고 했다.

#6 청소년들을 향한 신뢰 : 당당한 삶을 위하여

커동이 걸어온 길을 되짚어 보면, 청소년들에 대한 너른 신뢰가 묻어난다. "우리가 만나는 청소년들은 두 걸음 앞으로 나갔다 뒤로 한 걸음 물러서기도 한다"는 김정미 대표의 통찰처럼, 삶의 길을 찾아가는 각자의 속도와 방향은 똑같을 수 없다. 사람마다 걸음의 너비도 다를 테고, 삶에서의 '물러섬'은 '퇴보'와 동의어가 아니다. 김정미는 '물러섬'의 시간을 함께 견디고 기다리는 사람이 되고자 했다. 믿고 기다리는 사람이 있으면, 청소년들은 물러섰다가도 다시 힘주어 발걸음을 옮겨 갔다. 김선옥 역시 청소년들을 믿기 때문에 매장 운영을 기꺼이 맡길 수 있었다. 청소년이니까 해내지 못할 것이라고 속단하지 않았다. 커동 안에서 일하는 모습을 보면, 한 사람 한 사람이 지닌 제 몫의 역량이 빛을 발했다. 전체를 뭉뚱그려 보지 않고, 각자에게 무엇이 필요하고 도움이 될지 고민하고 조언했다. 청소년들이 커동에 머무는 동안 "이거 하나는 자신 있다" 싶은 걸 찾아가길 바랐다.

"매장에서 일할 때 제일 화났던 건 청소년들이 다른 사람 눈치를 볼 때였어요. 매장에서 잘못한 일이 없는데 손님들이 뭐라고 할 때도 그렇고. 그래서 어떨 때는 손님과 일부러 더 싸우기도 했어요." 자신을 믿고 함께 싸우는 실무자를 만나며 청소년들 스스로도 "자신감을 안 가질 이유가 없다는 걸" 느끼지 않았을까. "커동을 다니고 나서 좀 당당해졌던 것 같아요. 저를 밀어 주는 선생님들이 계셔서 많은 걸 배웠어요." 청소년 연아름은 커동에서 당당해지는 법을 배웠다고 말한다. 2015년 연구에 참여한 한 청소년은 "누군가에게 설명을 해 주는 게 어렵고, 사람을 응대하는 일이 어렵고 무서웠는데", 어느 순간 새로 온 동료들을 안내하고 있는 자기 모습이 신기하게 느껴졌다. "나는 늘 설명을 듣고 있는 사람이었는데, 이제는 내가 아이들한테 설명을 해 주니까 되게 뿌듯하고 그래요."[*] 스스로의 판단을 믿는 사람만이 말을 꺼내어 타인에게 펼칠 수 있다. 설혹 자신이 틀린다 할지라도 담대하게 상황을 받아들이겠다는 마음도 먹어야 한다. 타인과 세상을 향해 자신을 내놓는, '말할 수 있는 용기'를 이곳에서 단련했던 것은 아닐까.

"힘들었고, 다신 안 와야지 해도 돌아오게 되고, 그렇기 때문에 뭔가 애증의 관계 같고 마치 가족처럼 싫다가도 다시 보고 싶고 (……) 너무 많이 힘들었지만 그런 계기들을 통해서 제가 어떤 사람인지 알 수 있는 계기가 되었던 것 같아요."[**]

노동의 수고로움, 관계의 섞임과 부대낌, 그 속에서 길어진 기

---

[*] 김지선(2015), 앞의 자료집, 77쪽.
[**] 김지선(2015), 앞의 자료집, 83쪽.

뿜과 뿌듯함. 청소년들에게 커동이 어떠한 공간인지 '애증'만큼 잘 드러내는 단어도 없을 것 같다. 혼란 속에서 고군분투 일궈 온 커동의 실천이 청소년들 삶의 면면에 영향을 미치고 있다. 그리고 아직 많은 청소년들이 이러한 일터를 필요로 한다. 앞날을 예견하기 쉽지 않은 상황이지만, 커피동물원의 휴업이 꼭 '잠정적'이길 빈다. 청소년들에게 그러했던 것처럼, 잠시 동안의 '물러섬'이 다음 걸음을 예비하기 위한 시간이 되길 바란다.

| 커피동물원을 함께 일군
| 실무자들의 이야기

"믿고 하는 거예요"

김정미 자기 인생을 시작하려면 수고로움이 꼭 있어야 하는 것 같아요. 밥을 안 하고 밥을 먹을 순 없잖아요. 돈을 벌려면 수고가 필요해요. 커동에 오는 청소년들은 당장 자기가 자기를 꾸려 가야 하니까, 노동의 수고로움을 체득하지 않으면 안 될 것 같았어요. 꾸준히 일해 보는 경험, 자기 통장 잔고가 늘어 가는 경험이 필요하다고 생각했어요. 청소년들이 너무 고생스러우면 안 되고 흥미를 끌 수 있어야 하니까, 너무 쉽지도 너무 어렵지도 않은 일을 해야겠다고 마음먹고 업종을 카페로 정하게 됐어요. 그때는 지금처럼 업계 경쟁이 심하지 않았고요.

청소년들이 커동에서의 경험을 통해 자신감이 생겼다고 해요. 자신의 말을 하는 게 좀 더 수월해졌다고. 여기서는 서로 모두 "님"이라고 불러요. 존중받는 느낌이 들었다고 하더라고요. 나도 존중받고, 나도 다른 사람을 존중할 수 있는 법을 배웠다고도 하고요. 훈련 중에 음료를 쏟거나 주문을 잘못 받으면 그대로 얼음이 될 때가 있어요. 그럴 때 선배나 동료들 그리고 교사들이 자신을 대신해서 막아 주고, "실수는 누구나 해"라는 말을 들으면 자신도 여유가 생겨서 이겨 낼 수 있었다고 말해요. 혼자서는 못 했을 일을 함께해서 이겨 낼 수 있었다고. 자신도 그런 사람이 되고 싶다고요.

청소년을 만나는 일은 씨를 뿌리는 거지요. 꽃이 피고 열매를 맺는 일은 우리 눈앞에서 일어나는 일이 아니기 때문에 청소년들이 뿌리를 내릴 거라 믿고 하는 거예요. 눈앞에서 결과를 못 보니까 실무자들이 많이 지치기도 해요. 커동의 훈련을 거쳐 간 청소년들은 연락이 오면 뭔가 큰일이 난 거고, 연락이 안 오면 잘 지내고 있는 거예요. (웃음) 결국은 자기가 뿌리를 내려야 하는 거니까. 함께 씨를 뿌리는 환경을 만드는 것. 그게 우리 역할이라는 생각이 들어요.

이동식 카페를 처음 하던 날

김선옥 2011년에 쉼터와 분리하면서 청소년 3명과 함께 실무자를 하겠다고 했어요. 청소년들끼리 매장을 운영했는데, 일하는 청소년들의 만족도는 그해가 가장 높았어요. 물론 웃기는 일들도 많았고, 관공서 전화 받고 하는 일들은 어려워했지만요. (웃음) 그런 일은 그냥 넘어가거나 해결할 수 있는 일이었어요. 청소년들이 가장 즐겁게, 스스로 남아서 뭔가를 하고……. 이렇게 쭉 가야 한다는 생각이 들었어요. 저도 청소년들을 직접 만나는 걸 좀 줄이기도 했고요.

어느 날 갑자기 학교 측으로부터 전기 공사를 한다는 통보를 받았어요. 2달간 매장을 못 연다는 거예요. 월급을 안 줄 수도 없고, 어쨌든 해결해야 하잖아요. 우리는 정부에서 예산을 지원받는 상황도 아니니까. 그래서 저희가 이동식 차량을 빌렸어요. 학교에 야외 자리를 달라고 부탁했고요. 그 과정이 너무너무 힘들었어요. 이 과정을 아이들이 함께했어요. 최종 결정을 하고, 이동식 카페를 처음 하는 날, 제가 어디를 들렀다 갔고, 아이들이 거기 먼저 가 있었는데 누군가 "차량 거기 세우지 말아라" 고래고래 소리를 지르는 상황이 생긴 거예요. 학교 쪽에서 의사소통이 잘 안 됐는지, 우리는 허가를 받았는데 하지 말라고 하더라고요. 결국 우리가 이리로 옮겼다 저리로 옮겼다 하게 됐어요. 제가 너무 화도 났고, 아이들이 같이 있는데 너무 미안했어요. 그래서 울음이 터져 버린 거예요. 아이들은 저를 되게 씩씩한 팀장으로 생각했는데, 제가 우니까, 아이들이 갑자기 다 치우고 다른 쪽에다 세팅을 다 하고 그러더라고요. 이야기하니까 지금도 눈물 나오려고 그래……. 어쨌든 일이 잘 해결돼서 카페를 운영하긴 했어요. 2011년에 우리가 개입을 안 하거나 적게 할 때 오히려 이이들의 역량이나 아이들이 커동에 갖는 소속감이 커질 수도 있다는 걸 느꼈어요. 이전에 보지 못했던 모습들을 발견하게 된 거죠.

| 커피동물원을 함께 만든
| 청소년의 이야기

"여기가 아니었으면"

<u>연아름</u> 제가 어린 나이에 학교를 안 다녔을 때, 일할 곳이 진짜 없었어요. 커동은 어쨌든 기술을 배우는 곳이고, 아무것도 안 하는 거에 비해서는 뭐라도 배우는 게 낫다 싶었어요. 어쨌든 여기는 내가 '사람 되게'라고 할지, 도와주는 곳이기도 하잖아요. 그런 생각을 갖고, 자립에 대한 훈련을 받을 수 있지 않을까 해서 처음에 면접을 봤어요.

(2호점 창업 준비를 하며 카페 탐방을 위해 일본 해외 출장을 갔을 때는) 낯선 곳에 가서 그런지 뭔가 다 같이 신나고, 우와 우와 했던 분위기였어요. 한국 카페와 일본 카페는 정말 너무 달라서 '이게 달라, 저게 달라. 이거 봐 봐, 저거 봐 봐' 하면서 계속 소통도 많이 하게

됐고. 같이 다니면서 일본 사람에게 길도 물어봤고요. 동료들끼리 이런 게 재밌고 좋았어요.

  솔직하게 이야기를 못 했었는데, 커동을 다니고 나서 좀 당당해졌던 것 같아요. 여기 아니었으면, 그냥 막연하게 아무 생각 없이 지냈을 것 같아요. 적금도 안 들었을 거고요. 날 밀어 주는 선생님들이 계셔서 많은 걸 배웠어요. 기술도 배우고, "당당히 지내라", "자신감을 가져라" 이런 말을 많이 들었어요.

"안 되나 봐요"와 싸워 나가는 시간

경기위기청소년교육센터 아띠아또

배경내

"저는 보경 샘이 없으면 아무것도 아니에요."

"저랑 아라 샘, 둘이 합쳐서 하나예요."

"저는 이 얘기 엄청 좋아해요. '둘이 하나.' 1명만 나가면 애들도 '왜 같이 안 왔어요? 선생님들 같이 다니는 거 아니에요?' 그래요."

"우리 둘이 같이 사는 줄 알아요. 하하."

우리말로 찰떡궁합 정도로 번역될 수 있을까. 보경과 아라, 두 실무자의 '케미'가 남다른 이곳은 경기위기청소년교육센터(경기센터)다. 위기청소년교육센터는 〈아동·청소년 성 보호에 관한 법률〉에 근거해 성매매 경험 청소년을 위한 교육과 상담, 긴급 지원 등을 제공하고 탈성매매를 돕는 곳이다. 40시간의 '청소년 성장 캠프'를 연 5회가량 개최하기도 한다. (사)성매매근절을위한전국한소리회가 2010년부터 경기센터를 맡아 운영한 지도 어느새 9년. 일산과 성남을 거쳐 2012년 겨울의 끝자락부터는 이곳 안산에 터를 잡았다. 당시 안산은 "청소년 성매매와 관련한 굵직한 사건들이 연거푸 터졌지만, 성매매 피해 상담소는 단 한 곳도 없는" 곳이었다. 위기청소년교육센터라는 이름으로는 청소년들에게 가깝게 다가가기 어려워 우리말로 '친구의 선물'이라는 뜻을 지닌 '아띠아또'라는 공간 이름도 따로 지었다.

#1 처음과 지금이 똑같이 어렵다

"청소년 성매매 너무 어려워요. 처음과 지금이 똑같이 어려워요." 9년쯤 운영해 보니 어떠시냐는 질문에 실무자 심아라는 단박에 이렇게 답했다. '어렵다'는 이 짧은 한마디에 이들이 다루는 청소년 성매매 이슈는 물론 청소년들과의 만남, 센터의 운영까지 그 모든 고단함과 복잡한 고민들이 묻어 있는 듯했다.

성매매 근절을 위해 활동해 온 한소리회는 오래전부터 청소년 시기의 성매매 문제에 주목해 왔다. "성인 성매매 여성의 절반가량이 청소년 시기부터 성매매를 시작한다"는 게 현장의 경험으로 확인되고 있던 차였다. 1997년 말 IMF 구제 금융 사태 이후에는 가족의 경제적 토대가 무너지면서 더 이상 가족 돌봄을 기대하기 힘들어 집을 나온 청소년이 대거 늘었다. 지금도 그렇지만, 당시에도 집을 나온 10대 여성들이 선택할 수 있는 일자리는 많지 많았다. '원조 교제', '조건 만남' 등으로 불리는 청소년 성매매 문제가 사회적으로 큰 관심을 모으기 시작했다. 그 결과 2000년 〈청소년 성 보호에 관한 법률〉이 제정(2009년 현재의 〈아동·청소년 성 보호에 관한 법률〉로 개정)되기에 이르렀다. 대응이 필요했지만, 한소리회 자체가 성인 성매매 중심으로 활동하는 단체들의 연합체라 청소년 성매매 문제에 달라붙지는 못했다. 그러다 경기 지역에 위기청소년교육센터가 만들어지게 되면서 한소리회가 그 역할을 맡게 됐다.

  법이 제정된 지 20년에 가깝지만, 청소년 성매매 문제는 사라지기보다 새로운 양상으로 전개되고 있다. 실무자 전보경은 청소년이 성매매 현장으로 유입되는 경로와 동기가 더욱 다변화되었다고 말한다. "최근엔 조건 만남에 노출되는 통로가 너무나 쉬워졌고 조건 만남을 하는 층도 넓어졌어요. 옛날에는 주로 장기간 가출하는 청소년들이 노출됐다면 이제는 학교에 다니는 청소년 중에서도 되게 많고요. 채팅으로 만나서 성매매로 유입되는 피해 양상도 늘어났죠. 특히 지적 장애 청소년들의 경우가 심한 편이고요." 그런데도 청소년 성매매 문제에 집중하여 그들의 피해 회복과 자립을 지원하는 곳은 여전히 극소수다. 성매매로 피해를 입은 청소년에 대한 개별 지원도 중요하지만, 변화된 성 산업과 성 구매에 허용적인 사회 문화를 바꾸는 발걸음을 더 재촉해야 할 필요도 있다.

  나이를 떠나 성매매 경험을 타인에게 털어놓기란 쉽지 않다. 특히 청소년이 성인에게, 게다가 경찰이나 관*을 통해 센터로 연계된 청소년이 센터 실무자들에게 자기 이야기를 털어놓기란 더더욱 어렵다. "아이들이 마음을 열어 주기까지가 너무 오래 걸리죠. 저 사람한테 어디까지 얘기해도 좋을까, 계속 간 보는 게 있기 때문에 무장 해제가 되게 어려워요. 그런 걸 보면서 청소년을 만나는 우리들의 한계 같은 게 느껴지기도 하고." 실무자들은 성매매 경험 청소년을 만나는 과정을 "힘들어도 털어놓으면 함께 해결책을 찾아볼 수 있을 텐데……"하는 조바심과 "혹시라도 우리가 먼저 이야기를 꺼내면 상처나 낙인이 될지 모른다"는 긴장과 싸우는 시간이라고 말한다. 이 정도면 솔직히 얘기하겠거니 해도 성매매 이야기는 좀체 꺼내 놓지 않는다. 탈성매매 했다가 상황이 어려워져 다시 성매매를 하게 된 사정은 더욱 그렇다. "만난 지 4~5년이 지나서야 '이제는 좀 솔직하게 이야기할 수 있겠다'고 말하는 아이도 있어요."

반면 이 시간을 지원하는 정책적 뒷받침은 허약하다. "성매매 상담소도 청소년은 어렵다고 하고, 청소년상담복지센터도 성매매 청소년은 어렵다고 얘기해요. 위기청소년교육센터가 유일하게 성매매 청소년을 집중해서 보고 있고 진짜로 만나는 거죠. 그런데 이 센터의 존립 근거는 1년짜리 공모 사업이에요." 장기위탁도 아니고, 최소 2년도 아니고, 매년 여성가족부가 공모하는 프로젝트 사업 형태로 센터가 운영된다는 게 놀라웠다. 실무자 2명의 인건비와 소액의 사업비가 지원되지만, 그에 비해 센터에 요구되는 역할과 '사례 관리'의 규모는 엄청나다. 늘 허덕일 수밖에 없는 구조다. 어떻게 이런 구조가 만들어졌을까. 지금껏 청소년 정책을 담당하는 주무 부처가 계속 달라져 왔고, 그에 따라 청소년 성매매 정책도 여기저기로 떠넘겨졌다. 장기적 로드맵과 안정적 예산 확보가 가능할 수 없는 이유다. 여성가족부로 담당 부처가 정해진 이후에도 청소년 성매매 정책은 사각지대에 놓여 왔다. 실무자들의 부담도 부담이지만, 이래서야 성매매 경험 청소년을 제대로 지원할 수나 있을까. "위기청소년교육센터의 역사는 성매매 피해 청소년의 역사와 비슷해요."

 어려운 조건에서도 모색은 이어졌다. 탈성매매를 돕기 위해 자활 센터로 연계하기도 했고 학업 지원을 해 보기도 했다. 그런데 청소년들이 1달을 넘기는 것조차 힘들어하는 경우가 많았다. "처음에는 청소년의 생활 습관 문제로만 여겼어요." 그러다 주목하게 된 것이 '트라우마'였다. '청소년 성장 캠프'에서 만난 이들의 대다수가 심리적 불안 상태에 있었다. 성매매와 성매매 전후 겪었던 성/폭력으로 인한 트라우마를 치유하고 심리적 건강을 회복하도록 지원하는 게 우선이라고 생각했다. 이들에게는 "내쳐지고 혼나고 욕 듣고 그런 경험 말고 수용받는 경험"이 중요했다. 그러나 심리적 불안과 사회적 고립, 경제적 어려움이 다시 성매매로 이어지는 악순환을 끊을 방안은 쉽게 발견되지 않았다. 트라우마로 인한 분노를 공격적으로 표현하는 청소년을 만날 때면, 왜 그러는지 알면서도 실무자들 역시 움츠러들곤 했다. 심도 깊은 심리 지원을 제공하고 싶은 바람이 갈수록 커졌지만, 정부가 제공하는 사업비로는 어림도 없는 일이었다. 그 와중에 자몽 사업을 알게 되고 곧장 지원서를 냈다. 묵혀 둔 바람을 해소할 기회가 열렸다.

#2 비슷한 함정에 자꾸만 빠지는 이유를 찾아

'날자! : 날마다 자라는 나무'는 경기센터 자몽 사업의 이름이다. 성매매 경험이 있거나 성매매에 노출될 가능성이 높은 10대 여성들이 전문적인 심리 상담을 제공받음으로써 사회적·경제적 자립의 기반을 마련하기를 기대했다. 청소년의 자립이라는 나무가 있다면 '심리적 자립은 뿌리에, 사회적 자립은 줄기에, 경제적 자립은 열매와 잎사귀에 해당한다'고 생각했다. 참여자들의 욕구에 맞는 인턴십 매장을 발굴해 일자리를 지원하는 계획도 함께 세웠다.

《효과적인 청소년 상담》의 저자인 자넷 새슨 에드겟은 상담 현장에서 "성나고 몹시 우울한, 도망치고 있는, 도움이 절실히 필요해도 요청하지 않는, 도움을 요청해도 그것을 활용하지 못하는, 또는 도움을 받아들이지만 그들의 기대와 필요와는 다르다고 생각하는 청소년을 늘 접한다"*고 말한다. 우리의 경우도 다르지 않다. 청소년, 특히 '위기 청소년' 지원 현장에서 심리 정서 지원을 목표로 하는 사업들이 다각도로 진행되고 있지만, 심리 상담 경험을 부정적으로 기억하는 청소년들이 많다. 비자발적으로 상담을 시작하는 경우가 대부분인 탓도 있겠지만 그게

---

* Janet Sasson Edgette, 김영은 옮김(2013), 《효과적인 청소년 상담》, 학지사, 10쪽.

이유의 전부는 아니다. '인권교육센터 들'이 심리 상담 경험을 가진 청소년들과 치유 작업자들을 만나 연구한 《마음의 관리? 마음의 권리! - 청소년 심리 정서 지원 사업, 무엇을 묻고 무엇을 고민해야 하는가》 자료집*에는 "낙인, 대상화, 엿보기, 강제, 교정과 같은 낱말로 대표"되는 상담·치료 경험에서 "존엄한 존재가 아닌 '증상'으로 취급받았다"고 토로하는 청소년들의 육성이 실려 있다. 성매매 경험 청소년을 대상으로 한 심리 상담은 특히나 더 그 위험이 컸다.

무엇보다 청소년 성매매에 대한 이해를 갖춘 치유자로 심리 지원단을 구성하는 일이 중요했다. 다행히도 3명의 상담사와 이들에게 슈퍼비전을 제공할 전문가를 구했다. 청소년 성매매에 대한 상담사들의 이해를 높이는 두 차례의 워크숍을 먼저 거쳤다. "최근에야 이 친구들에 대해 외상外傷 중심으로 접근해야 한다는 의견이 모아지고 있어요. 처음에는 경계성 성격 장애다, 분리 불안 때문에 감정 기복이 심한 아이다, 반항성 성격 장애다, 이런 식으로 장애로 진단한 경우가 많았죠." 심리 지원단으로 결합한 상담사 남일량은 결과를 중심으로 청소년을 진단하기보다 원인에 해당하는 '외상' 경험에 주목해야 한다고 말

---

* '인권교육센터 들'의 몽실팀은 심리 정서 지원 사업에서 청소년이 무엇을 경험하고, 무엇이 청소년의 '치유와 성장'을 돕는지에 관한 자세한 연구 결과를 2017년 2월 발표했다.

했다. 특히나 청소년 성매매를 범죄 또는 비행으로 여기면서 '교정'의 관점에서 접근하는 일은 경계했다. "교화의 관점에서 접근하면 안 되죠. '못 믿고 튕겨 나가고 나와서 땡강 쓰고 그런 것도 너야.', '이럴 수 있어, 이럴 수밖에 없어, 그것도 너야. 그러면 좀 어때? 성에 대해 관심 있고 성을 일찍 알고 그러면 좀 어때?' 그렇게 가야 아이들도 자기를 받아들여요."

성장 캠프에서 만난 청소년과 지역 기관의 소개로 심리 상담을 원한 청소년 10여 명의 지원을 받았다. 본격적인 상담 회기를 시작하기 전 상담사와 청소년의 상호 면접 과정도 거쳤다. "너를 나한테 맡겨도 될 것 같니?" 그렇게 총 10회기의 일대일 상담이 시작되었다. 상담사의 전문 분야에 따라 대화 기법, 미술 치료 기법 등 다양한 방식으로 상담이 이루어졌다. 10회기 상담만으로 성매매 경험이나 폭력 트라우마를 깊숙이 다루기는 당연히 쉽지 않았다. 우선은 자기의 감정을 잘 탐색하고 표현하며 과거의 경험을 재의미화하는 데 초점을 맞췄다. 상담 과정에서 발견한 이야기는 참여한 청소년의 동의를 얻어 슈퍼바이저와 실무자들이 참여하는 사례 회의에서 공유되었고 필요한 추가 지원책을 함께 강구하기도 했다.

심리 상담 경험이 청소년들에겐 어떤 기억으로 남았을까. 중도에 상담을 그만둔 청소년도 있었고, 애초 계획된 10회기보다 더 연장해서 상담을 이어 간 청소년도 있었다. 그들의 이야기가 궁금했지만, 직접 만나기는 어려웠다. 자몽 사업 당시 경기센터가 제출한 보고서에 실린 청소년들의 이야기로 대신 짐작해 본다. "상담을 하면서 생각이 깊어지고 많아졌어요." "상담을 통해 죄책감을 느낄 필요가 없다는 생각을 갖게 됐어요. 특히 가족에 대한 죄책감." "몰랐던 저를 발견하게 되어 감사해요."

전보경과 심아라, 두 실무자 역시 청소년들에게 "자기 발목을 잡고 있는 심리적 장애물을 이겨 내는 계기", "자기 모습을 온전히 발견하여 발돋움할 기회"가 되었다고 자부했다. 자립을 '인간 존엄의 역량을 확보해 나가는 과정'이라고 정의할 때, 자기 감정에 깨어 있고 감정의 진원지를 헤아릴 언어를 갖는 일은 필수적인 역량 가운데 하나다.* 사람들이 삶에서 비슷한 함정에 자꾸만 빠지는 이유는 온전히 자기에게 집중하고 자기의 감정과 욕구를 탐색할 기회가 없었기 때문이다. 가족이나 학교, 친구나 연인과의 관계에서 온전한 지지를 경험하지 못한 10대 여성들의 경우, 채팅이나 성매매 알선을 통해 알게 된 남자와의 의존적, 착취적 관계에서 벗어나지 못하기도 한다. '심리적 자립'은 몇 회기의 상담만으로는 결코 가능하지 않다. 그럼에도 나와 내 삶을 해석할 새로운 관점을 맛보는 '기회'는 소중했다. 아직 심리 상

---

* 자립 역량에 대한 자세한 논의는 [인권교육센터 들(2016), 〈청소년 자립, 기술에서 역량으로: 인권의 관점에서 바라본 역량 접근〉, 《'청소년 자립' 밖에서 자립 찾기 - 2015년 '위기 청소년' 자립 지원 사업 자몽 연구 결과 발표회》 자료집]을 참고하라.

담에 들어갈 개인적 준비가 안 되어 중단하거나 들쑥날쑥인 청소년도 당연히 있게 마련이다. 사업을 해 보고 나니 "심리 지원 사업을 진행하려면 적어도 기본 1년을 봐야 효과를 얘기할 수 있다"는 확신이 들었다.

#3 "전 안 되나 봐요." "그럼, 우리가 작업장을 만들까"

반면, 인턴십 매장을 발굴해 연계하려던 구상은 예상보다 더 만만치 않았다. 성매매를 하는 이유는 '돈'이지만, 단지 돈을 벌 수 있는 곳을 소개시켜 준다고 탈성매매로 이어지지는 않는다. "단시간에 고액을 벌어 본 경험이 있기 때문에 품이 많이 들어가면서도 그보다 적은 돈을 받고 일하려면 끊임없는 지지가 필요해요. 자신감도 줘야 하고, 그 안에서 치유도 될 수 있어야 하고, 성매매에 대한 낙인도 없어야 하고." 위기 상황에 놓인 청소년에 대한 이해가 많지 않은 지역 사회에서 이들을 받아 줄 만한 곳을 찾기란 어려웠다. 간신히 카페와 미용실을 찾아내 시급을 지원해 봤지만 오래가지 못했다. 청소년들이 버거워하며 일을 그만두거나 무단 결근으로 해고되기도 했다. 시간을 지키며 일을 해 나가는 연습을 하려면 '기다려 주는 시간'이 필요한데, 그 시간을 함께 견뎌 주는 곳은 없었다. '낙오'된 경험이 청소년들에게도, 실무자들에게도 아프게 남았다. "아이들이 '전 안 되나 봐요' 그러니까, 그럼 우리가 아예 작업장을 만들까 생각했죠." 그렇게 경기센터 사무실 안에 조그마한 작업장이 차려졌다.

쉽게 시작할 수 있는 비누에서부터 미스트, '걱정인형' 같은 것들을 함께 만들었다. 애초 사업비에는 인건비 지원 항목만 있었는데, 재료도 새로 구입해야 하고 판매처도 새로 뚫어야 했다. "제 친구도 데려와도 돼요?" 1~2명으로 시작한 작업장이 막판에는 5명으로 늘었다. "팔지도 못할" 상품들이 쌓여 갔지만 기쁨도 컸다. 심리 지원 사업은 상담사가 청소년을 개별적으로 만나는 방식이라 실무자와 청소년의 접점이 크지 않았다. 반면 사무실에 차려진 작업장은 "일상적인 심리 지원"이 가능한 구조를 열었다. 일하면서 편하게 대화를 나누고 밥도 같이 해 먹었다. 그러다 보니 자연스럽게 청소년들이 처한 상황을 알게 되고, 도움을 줄 방법이 보이기도 했다. 자립을 그저 '준비'하는 게 아니라, 자립적인 삶을 '지금 현재 구현'하려면 일상의 환경과 생활 패턴을 바꾸는 게 중요했다. 소득을 얻을 수 있고, 안전하고, '느티나무처럼 편안한 사람'이 늘 있는 일자리는 패턴을 바꾸는 중요한 계기가 된다. "어쩔 수 없이 성매매로 재유입된 청소년이 작업장을 통해 탈성매매를 하게 된 게 더없이 감사했죠. 지금 생각해 보면 작업장 하나만으로 자몽 사업을 기획했어도 좋았을 것 같아요. 아이들과 판매 루트도 직접 뚫어 보고." 몇 개월의 짧은 실험은 성매매 경험 청소년들에게 인큐베이팅 공간으로서의 작업장이 얼마나 중요한지 새삼 절감한 시간이었다.

당시 인턴십 과정에 참여했던 청소년 수민(가명) 역시 작업장을 '돈을 받는 것도 받는 거지만 우선은 마음 편한 공간'이었다고 회상했다. "일이 우선 쉬웠어요. 힘들어도 선생님들이 힘을 북돋아 주고 힘든 게 있으면 중간중간에 상담도 해 주시고 아프면 중간에 좀 쉬었다 하라고 해 주시기도 하고. '빨리 해야 돼!' 그런 게 없었어요. 다른 알바 했을 땐 잠깐 카톡이 와서 확인하려고 해도 그런 거 하지 말라고 했었는데……. 선생님들도 좋고 거기가 가정집이라 분위기도 편안하고." 수민은 비누 만들기 같은 걸 하다 보면 똑같은 일이 반복되고 '이거 언제 끝나지?' 하는 생각도 들었지만, "다른 데 같았으면 그렇게 즐겁게 일하지는 못했을 것"이라고 말했다.

#4 도식적 판단은 언제나 미끄러진다

사업 기획 단계에서 실무자들은 필수적 전제는 아니지만, 상담 과정에 참여한 청소년들을 대상으로 욕구를 조사하고 그에 맞는 인턴십 매장을 연계하면 좋겠다고 생각했다. 그런데 그 과정이 순차적으로 이어지지는 않았다. 심리 상담에만 참여한 청소년도 있고, 인턴십에만 참여한 청소년도 있고, 심리 상담을 거쳐 인턴십까지 참여한 청소년도 있었다. 이 과정을 거치면서 오히려 실무자들은 '심리적 자립이 선행되어야 경제적 자립도 가능해진다'는 통설의 한계를 발견했다. 경제적 궁핍과 불안이 심리적 위축을 낳기도 하고, 소득을 버는 활동 속에서도 심리적 지지와 치유적 경험이 가능하기 때문이다. 무엇보다 성매매 경험 청소년이라고 해서 다 같은 처지와 욕구를 가지고 있는 것도 아니다. "아이들마다 욕구가 다 다르고 실무자들이 도식적으로 생각하는 대로 움직이지 않더라고요." 심리 상담도 개인마다 다른 시간을 보장하는 맞춤형 지원이 필요하다는 게 재확인되기도 했다.

정부의 청소년 성매매 정책과 자립 지원 정책도 현장의 깨달음을 쫓아가고 있을까. 문재인 정부 들어 청소년 성매매 정책도 전환 과정에 놓여 있다. 2017년 말 여성가족부는 '성매매 피해 아동·청소년 전담 지원 센터' 7개소를 신규로 지정·운영한다고 발표했다. 상담에서 일시 보호, 직업 훈련까지 통합적 지원을 제공한다는 계획이다. 청소년 성매매 정책이 체계화되고 지원이 강화된다면야 환영할 일이다. 그러나 청소년 성매매 현장의 특성을 고려하지 않은 채 새로운 계획이 또 만들어진 건 아닌지 현장의 우려도 크다. 이 통합적 지원 센터는 경기센터가 자몽 사업을 통해 깨달은 '도식적 판단의 오류'에서 벗어난 지원을 제공하게 될까. 청소년 성매매 대책이 사각지대에서 벗어날 전기를 마련하게 될까. 게다가 정부 방침대로라면 기존의 위기청소년교

작업장에서는 '걱정인형'과 천연 비누 등을 만들었다.

육센터 가운데 상담소와 자활 센터를 갖고 있는 기관만이 신규 전담 지원 센터로 지정될 자격이 있다. 이렇게 되면 몇몇 지역에서는 성매매 경험 청소년을 만나는 기관과 실무자가 통째로 바뀌게 될 전망이다. "이 아이들은 몇 년을 만나야 솔직하게 이야기하는데, 이 아이들의 명단을 다른 상담소에 넘긴다고 그게 연계가 되겠어요?" '숫자와 공식'이 아닌 '구체적 사람'에 주목하는 정책과 현장 실천은 여전히 숙제로 남아 있다.

| 경기위기청소년교육센터를 함께 일군
| 실무자의 이야기

"그게 제일 어려워요."

보경 40대에 아이들을 만나는 일을 시작했어요. 청소년에 대한 감각이 너무 떨어져서 라포를 형성하는 데 개인적으로는 어려움이 있었어요. 성인 성매매 여성들은 자기 욕구가 명확해요. 법률 지원을 받고 싶다든지, 몸이 아파서 의료 지원을 받고 싶다든지. 그런데 청소년은 어떤 욕구를 갖고 있는지 파악하는 데 시간이 걸려요. 일상적인 심리 지원, 그러니까 일상적으로 그들을 계속 만나서 지지해 주는 게 더 필요해요.

사무실을 구할 때도 여러 조건을 생각하죠. 아이들이 오면 시끄러울 수도 있고 담배는 다들 피우고, 그렇기 때문에 일단 집주인이 같은 건물에 안 살아야 돼요. 주택가면 항의가 들어오니까 상가가 같이 있어야 애들도 드나들기 편하고요. 상가는 저녁때 퇴근하니까 밤에 좀 더 자유롭게 있을 수 있죠. 그러면서도 가정집이어야 하고. 상가 주택 건물이 딱 맞겠더라고요.

이 아이들에게 결핍된 '애정' 욕구를 어떻게 충족시켜 줄 수가 있나, 그게 제일 어려운 것 같아요. 성매매를 알선한 남자나 보도방 실장들이 조금만 좋아라 예뻐라 하면 사랑이라고 생각하고 같이 살고 그러거든요. 근데 우리는, 위기센터는 아이들을 지속적으로 만나기가 어렵다는 한계가 있잖아요. 그게 늘 아쉽죠.

성매매 청소년에게 접근할 때 전체적인 사회 구조적 맥락, 그러니까 가부장제와 성차별, 여성의 저임금 구조를 봐야 하지만, 이 아이들 하나하나를 보자면 일평생 살아가면서 성매매가 하나의 경험이었다고 보는 게 중요한 것 같아요.

밑거름이 되는 경험

아라 소수이긴 하지만 16명 정도가 상담도 받고 그중에 몇 명이 작업장도 하면서 아이들 개인사에서 좋은 경험으로 남았던 것 같아요. 많게는 15회기까지 하면서 자신의 심리 상태에 대해 점검하고 다시 발돋움하는 경험을 한 이도 있었고. 나를 받아 주는 공간에서 경제 활동도 할 수 있었고요. 한 친구가 그러더라고요. 그렇게 일할 수 있는 곳이 없었다고, 그때 너무 재미있었다고요. 그 경험이 이후에 다른 경제 활동을 하는 데 밑거름이 되었던 것 같대요.

우리 센터의 특성은 파트너십인 거 같아요. 다른 곳들은 실무자가 여러 가지 이유로 자꾸 바뀌는데, 저는 9년 차, 보경 샘은 8년 차예요. 그러니까 오랜 파트너십에서 오는 안정감이 있어요. 저는 미혼이고 보경 샘은 기혼이고. 보경 샘은 부모 같고, 저는 '너나 나나 비슷비슷' 그런 스타일이고. 보경샘이 안정감을 좀 잡아 주면 저는 속닥속닥하고. 아이들은 더 편한 선생님을 선택해서 만날 수 있고, 저희의 시너지가 있지 않을까 싶어요.

| 아띠아또 작업장을 함께 만든
| 청소년의 이야기

아띠아또에 자꾸 가는 이유

<u>수민</u> 제가 꿈이 사회 복지사거든요. 안산에 들꽃피는학교라고 있어요. 거기 다녔거든요. 보통 학교들은 선생님들이 무섭고 강압적이고 그런 게 많이 있잖아요. 근데 들꽃은 선생님들 엄청 좋으시고 가족 같은 느낌을 주는 거예요. 그래서 사회 복지사가 꿈이 됐죠. 힘든 청소년들에게 도움을 주는 일을 하고 싶어서요. 제가 그렇게 얌전한 편은 아니어서…… 좀 활발해요. 그래서 청소년들을 좀 더 이해해 줄 수 있을 것 같다는 생각이 들어요. 들꽃이 공부만 하는 데가 아니라 여행도 다니거든요. 들꽃이 딱 저한테 맞는 공간이라고 생각했어요. 고1 때부터 얘기했어요. "나 커서 올 테니까 자리 만들어 놔." 선생님들도 졸업하고 언제든지 오래요.

아띠아또랑은 중2, 중3 때부터 알았어요. 쉼터를 통해서요. 믿을 만한 사람이 있다는 게 의지가 돼요. 제가 상담하는 걸 좋아해서 진짜 많이 갔었어요. 거기는 여성만 상담하는 곳이니까 뭔가 남한테 꺼리는 이야기도 선생님한테 할 수 있고요. 성적으로 힘든 게 있었는데…… 그런 일들을 친구한테 말할 수는 없잖아요. 제가 그런 문제에 대해서 10%를 안다면, 선생님들은 다는 아니지만 80%, 90%는 아실 거 아니에요? 이런 방법도 있고 저런 방법도 있다는 걸 아시니까요. 주변에 힘든 친구들이 있으면 데려가기도 했어요. 가족한테 성적으로 폭력을 입은 친구가 있는데 너무 힘들어서 밖을 못 다녔어요. 제가 이런 곳이 있는데 너무 편안하고 도움이 될 거라고 알려 줬죠. "혼자 끙끙 앓는 것보단 편안한 사람한테 이야기를 해라. 나는 들어 줄 수는 있는데 아는 지식이 별로 없어서 큰 해결 방안을 말할 수는 없을 것 같다. 그러니 같이 가자." 그 친구가 아띠아또를 만난 후 차차 해결해 갔어요. 다행히 신고도 하게 됐어요. 요즘 보면 너무 신기하죠. 이제 나와서 놀기도 하고 남자친구가 생기기도 하고.

쉼터에서는 휴대전화를 잘 때 빼앗았어요. 소리도 내면 안 돼요. 아띠아또 캠프에서는 그런 게 없었어요. 캠프 갔을 때 선생님들 몰래 나가서 술을 마시려다가 들켰어요. "너네 어디 있냐?" 하고 연락이 와서 들어갔는데, 화를 낼 수도 있는 상황인데, "알겠는데 좀 참아 줘라"라고만 하셨어요. 그 순간에 화를 내셨으면 '아이씨, 마실 수도 있지' 하는 마음이 들었을 것 같은데 이해 좀 해 달라고, 좀 참아 달라고 그러시니까 "죄송합니다" 하게 됐던 거죠. 보통 학교였으면 애들 잡아 가지고 "엄마 아빠한테 말할 거다", "선생님 말이 법이다" 이러는데……. 그런 차이가 나니까 아띠아또나 들꽃이 더 좋은 거죠.

작업장 다시 안 여나요?

<u>수민</u> 아띠아또에서 인턴십 한 게 2년 전이라 기억은 잘 안 나는데……. 돈을 받는 것도 받는 거였지만, 마음 편한 공간이잖아요. 일하러 간다는 느낌이 아니라 놀러 간다는 느낌이었고. 친구도 있었잖아요. 이야기하면서 돈도 받으니까 공돈 받는 느낌? 흐흐. 그때는 가족이랑 같이 살 때니까 휴대전화 요금이나 다른 게 나갈 게 없으니까, 버는 돈은 적당한 것 같았어요. 부모님한테 손 벌리지 않고 제가 용돈을 번 거잖아요. 끝났을 때 많이 아쉬웠어요. 지금이라도 불러 주면 할 것 같은데…….

일을 시작할 때 '이걸 오랫동안 할 수 있을까' 생각을 많이 해요. 알바 어플 보면서 떨어질까 봐 걱정도 되고, 처음에 연락하는 것조차 어렵고. 사람마다 다르겠지만요. 친구들 이야기 들어 보면 사장님이 너무 막 대하는 경우도 있고, 편의점에서 일하는데 남자 사장이 꼬집고 욕하고 의자를 발로 차고 그런 일을 겪었단 이야기도 들

어 봤어요. 그리고 돈! 월급을 시간이랑 날짜에 맞게 딱 줘야 되는데 어기는 경우도 있고요. 가족 일 때문에 알바 날짜를 조정해야 하는데 안 봐주는 곳도 많고요. 자기 화풀이를 저희한테 하는 사람도 있고. 늦게 들어왔으니까, 너는 어리니까 하면서 막 시키고요. 아띠아또에서 다시 (작업장) 열면 다른 친구들도 좋아할 것 같아요.

'무지개 청소년'을 위한 내비게이션

청소년성소수자위기지원센터 띵동

공현

집이나 학교를 떠날 수밖에 없는 사연은 너무나 기구하고도 장대하기만 한데, 이 넓은 지구 위에 막상 아무 데도 갈 데가 없다는 게 가출이 지니는 보편성이다. 나는 너무나 절박한데 세상 그 무수한 인류 중에 아무도 나를 이해해 줄 것 같지 않은 격절감, 그리하여 차라리 아무도 나를 모르는 곳으로 가자. 근데 그곳이 어딘지 도통 떠오르지 않는 게 가출이 지니는 한계다.*

우리 사회에서 청소년들에게 허락된 자리는 좁디좁다. 김진숙의 말처럼, 가정과 학교라는 '정해진 자리'를 벗어난 청소년들은 막막함과 격절감을 마주할 뿐 아니라 국가와 사회의 보호망 바깥으로 내몰린다. 청소년들의 이런 위태로운 처지야말로 '위기 청소년'이란 말에 담긴 전후 사정이다. 청소년이면서 성소수자인 이들은 또 어떤 처지에 놓여 있을까. "청소년 성소수자들은 청소년이라는 소수자성이랑 성소수자라는 소수자성이 교차하는 지점에서 많은 배제들과 차별을 경험"한다. 자신의 정체성을 인정하지 않는 가정과 학교에서 차별과 폭력에 노출되기 쉽다. 견디다 못해 결국 학교를 떠나고 집을 나오는 결단을 내려야만 하는 지경에 처하기도 한다. '살기 위해서' 학교와 집을 나와도, 여러 장벽과 차별에 마주친다. 성소수자 청소년 5명 중 1명은 자

---

* 김진숙(2007), 《소금꽃나무》, 후마니타스, 211쪽.

살 시도 경험이 있다는 국가인권위원회의 2015년 실태 조사 결과는 이러한 상황이 어떤 결과를 초래하는지 보여 주는 단적인 예다.

#1 오랜 기다림 끝에 '띵동'

성소수자인권운동 안에서 청소년 성소수자의 문제는 오래도록 중요한 화두였다. 청소년 시기 '동성애자인권연대* 청소년자긍심팀'에서 활동을 시작해 지금은 청소년성소수자위기지원센터 띵동(떵동)의 사무국장을 맡고 있는 류은찬은 2000년대 들어 성소수자운동이 성장하는 동안 "그 (운동) 안에는 항상 청소년들이 있었"다고 힘주어 말했다. 한국 사회는 오랫동안 성소수자를 차별, 배격하는 동시에 청소년을 '잘못된 성 인식과 문화로부터 보호해야 한다'는 논리를 내세워 왔다. 성소수자 또는 '동성애'로부터 청소년을 보호해야 한다고 생각하는 이들에게 청소년 성소수자의 존재는 아예 인식조차 되지 않거나 잘못된 문화에 물든 '교정 대상'으로 여겨지곤 했다. 당연히 자신의 성적 지향과 정체성을 자신이 느끼는 대로 정체화하고 결정할 권리를

---

* 끼리끼리, 친구사이와 함께 성소수자인권운동을 초기부터 일구어 온 동성애자인권연대는 동성애자뿐 아니라 다양한 정체성을 지닌 성소수자를 포괄하는 운동을 펼치기 위해 2015년 '행동하는성소수자인권연대'로 단체명을 바꾸었다.

존중받기 어려웠다. 성소수자 커뮤니티도 청소년 성소수자들이 겪는 문제엔 잘 대처하지 못했다. 비청소년 중심으로 커뮤니티가 이루어져 있기도 했고, 세간의 시선과 청소년에 대한 거리감 탓에 청소년 이슈를 건드리기 어려워하는 분위기도 있었다. 움직임이 일기까지에는 시간이 걸렸다.

모든 어른은 한때 청소년이었다. 그렇기에 청소년 성소수자들의 처지는 비청소년 성소수자들에게도 '남 일'일 수 없었다. 마침내 청소년 성소수자를 지원하기 위해 성소수자 커뮤니티가 힘을 모으자는 움직임이 싹텄다. 2013년 11월, 미국의 성소수자 한인 공동체의 제안으로 해외 모금을 하며 본격적으로 청소년 성소수자를 위한 쉼터 건립이 추진되었다. 행동하는성소수자인권연대, 섬돌향린교회, 열린문메트로폴리탄공동체교회, 차별없는세상을위한기독인연대가 준비 단체가 되었다. 국내에서도 '무지개청소년 세이프 스페이스 safe space'라는 이름으로 활발하게 모금 운동과 쉼터 설립 준비가 전개되었다.

"기존의 쉼터는 성소수자의 존재 자체를 지워 버리는 경우가 많죠." 청소년 성소수자인 느루의 말처럼, 많은 쉼터가 성별 이분법적으로 남자와 여자를 구분하여 운영될 뿐, 성소수자에 대한 이해나 고려를 아예 하지 않는 경우가 많다. 트랜스젠더 청소년은 남자/여자 쉼터로 구분되어 있는 상황에서 정체성을 드러내기 어렵다. 동성애자이거나 트랜스젠더인 것이 알려지면 쉼터에서 문제를 일으킬 수 있다는 이유로 퇴소당하는 경우마저 있다. '무지개청소년 세이프 스페이스'라는 이름에는, 차별과 폭력을 피해 집을 나온 청소년 성소수자에게 최소한의 안전한 공간을 만들어 주고 싶다는 마음이 담겨 있었다.

2014년 12월, 오랜 기다림 끝에 청소년성소수자위기지원센터 띵동이 문을 열었다. 비록 모금액이 부족해 처음에 목표로 삼았던 쉼터는 만들지 못했지만, 청소년 성소수자를 상담하고 위급한 상황에 있는 이들에게 다양한 형태의 도움을 제공할 센터의 존재는 특별하다. 띵동은 탈가정한 청소년들에게 응급 의약품이나 식품 등을 제공하기도 하고, 일자리나 살 곳을 함께 알아보기도 한다. 낮잠방과 샤워실 등을 두고 청소년 성소수자들이 안전하고 편안하게 이용할 수 있는 공간을 만들어 가고 있다.

#2 길 찾기에 필요한 것

띵동은 2017년부터 자몽의 지원을 받아 탈가정 청소년 성소수자들의 자립을 지원하기 위한 프로그램, '레인보우 내비게이션rainbow navigation'을 운영하고 있다. 그동안 청소년 성소수자를 만나 살 곳이나 일자리를 함께 찾아보기도 하고, 기초 생활 수급 신청을 돕기도 했지만 그것만으론 해결되지 않는 현실이 있었다. "물적인 것들이 어느 정도 제공돼도 계속 삶이 흔들리는 거예요. (……) 집을 나온 청소년 성소수자들이 잘 살았으면 좋겠는데, 그러기 위해 뭐가 필요할까? 우리는 뭘 해 줄 수 있을까? 어떤 과정을 같이할 수 있을까? 고민이 쌓여 가고 있었어요." 사업 담당자인 보통은 일시적 자원 제공이 아닌 '지속적 만남'의 필요성을 고민하면서 띵동의 자립 지원 사업이 만들어졌다고 말했다. 청소년 성소수자들이 "꼭 어디에 도착을 안 해도 되니까" 길을 찾아보면 좋겠다, 살아갈 길을 찾는 데 띵동이 동료가 되면 좋겠다는 마음이 '레인보우 내비게이션'의 출발이었다.

'레인보우 내비게이션'의 첫해, 상반기와 하반기 각각 4명의 청소년 성소수자가 참여했다. 1달에 2회 정도 간격으로 10회를 만났다. 참여자들이 자신의 정체성에 대해 서로 이야기하는 시간, 탈가정 경험을 나누며 마음을 돌보는 일종의 집단 상담 시간, 자기는 어떤 사람인지 다양한 방식으로 표현하는 시간 등을 먼저 가졌다. 그 후에는 만나고 싶은 비청소년 성소수자들을 찾아가서 만나는 '사람책' 프로그램, 직접 장보기와 요리를 해 보는 프로그램, 자기 건강을 돌보고 건강 검진을 받는 법을 안내받는 프로그램, 가계부 써 보기 프로그램, 여행 프로그램 등의 활동을 진행했다. 한번은 자기 표현 시간을 갖고, 한번은 요리를 하고, 한번은 여행을 가고……. 어떻게 보면 이것저것 조금씩 건드려 보는 흔한 자립 지원 사업 같다. 하지만 여러 프로그램들 사이에는 '레인보우 내비게이션'을 하나로 엮어 내는 문제의식이 굵직하게 놓여 있다. 담당자 보통은 그것을 "마음의 힘"을 일구는 "존중의 경험"이라고 말했다.

청소년들은 자기 의견을 이야기할 기회 자체가 주어지지 않거나 이야기를 해도 무시당하는 경험을 곧잘 하게 된다. 청소년 성소수자들의 경우에는 자신이 어떤 사람인지 솔직하게 표현할 기회조차 거의 없다. 이야기했다가는 여러 위험에 노출될 가능성도 높다. 자신을 '논바이너리 트랜스젠더 청소년'*이라고 소개하는 느루는 집에서 커밍아웃을 했다가 부모에게 심한 폭력을 당했다. 학교에서도 '동성애는 더럽다', '트랜스젠더는 정신병자' 같은 내용의 혐오 발언을 듣는 것이 일상이었다. 쉼터에서도 "남자가 좀 더 남자답게 하라"는 말을 듣곤 했다. 아르바이트를 할 때도 자기가 원하는 대로 젠더 표현을 하지 못하고 사회가 지정해 준 성별에 맞춘 모습으로 꾸며야만 했다. 최저 임금도 받지 못하며 일하기도 했고, 일을 잘 못 한다며 사장에게 폭행을 당한 경험도 있다. "청소년이어서" 그리고 "비청소년들이 원하는 방식대로 성장하도록" 만들기 위해 간섭과 폭력이 더 많은 것이라고 느루는 생각한다.

* 태어났을 때 의학적으로 또는 법적으로 지정받은 성별과 스스로 인식하는 성별이 다른 경우를 트랜스젠더라고 한다. 논바이너리 트랜스젠더는 트랜스젠더이면서 여성도 남성도 아닌, 이분법적 성별 틀 외의 성별 정체성을 갖고 있다는 뜻이다.

차별과 폭력의 경험이 쌓이면서 청소년 성소수자들의 존재와 삶은 끊임없이 흔들린다. 그래서 띵동에게는 "여기가 안전하고 내 말을 귀 기울여 듣는 곳이라는 신뢰"를 주는 게 최우선 과제였다. 안전하고 믿을 수 있는 공간에서 "나는 어떤 사람인지, 어떻게 살고 싶은지 성찰할 수 있는 기회"와 "내가 살고 싶은 삶에 가까워질 수 있는 힘"을 갖는 게 '자립의 시작'이라는 믿음을 내 비게이션 삼아, 매 순간 청소년 성소수자들이 존중받을 수 있다는 경험, 자기 의견이나 정체성이 무시당하지 않는 경험을 만드는 것에 집중했다.

자기소개 시간마저 청소년 성소수자에게는 각별한 의미를 가졌다. 성소수자들에게는 안심하고 자신의 성적 정체성을 이야기할 기회가 별로 없고 이해받지 못할 때도 많기 때문이다. "나 사용 설명서"라는 이름으로 정체성뿐 아니라 각자가 불편하게 느끼는 점이나 소중히 여기는 것 등을 알려 주는 시간도 가졌다. 자기 정체성을 나타내는 깃발*을 그려 소개한 뒤, 참여자들이 서로에게 그 깃발을 선물해 주면서 서로 다른 성적 지향과 성별 정체성을 인정하고 자긍심을 북돋는 분위기가 만들어졌다. '레

---

* 성소수자들은 다양한 정체성을 나타내기 위한 상징 깃발들을 가지고 있다. 가령 무성애자는 검은색·회색·하얀색·보라색 4개의 가로선이 조합된 깃발을 사용하고, 트랜스젠더는 파란색·분홍색·흰색·분홍색·파란색 순서로 5개의 가로선이 조합된 깃발을 사용하고 있다.

인보우 내비게이션' 2기에 참여했던 느루에게도 그 시간이 좋았다. "서로 어떤 정체성을 가지고 있는지 이야기하고 다들 존중하는 태도를 가지고 있어서 편했어요. 그래서 나의 이야기를 더 자유롭게 할 수 있는 면도 있었고요."

떙동이 청소년을 대하는 태도 역시 중요한 차이를 만든다. '레인보우 내비게이션'을 진행하면서 참여자들이 지켜야 할 규칙도, 성적 지향과 성별 정체성을 존중하기 위해 조심해야 할 점들도 함께 의논해 만들었다. 프로그램이 진행되는 동안 쉼이 필요한 청소년을 위한 '휴식 명찰', 불편한 지점이 있을 때 자기 의견을 편하게 표현할 수 있도록 하기 위한 '잠깐만요 팻말'도 만들었다. "아무리 우리는 평등하고 의견을 자유롭게 이야기할 수 있다고 해도 기관과 청소년이 만나는 입장에서 청소년들이 정말 온전히 그렇게 받아들이고 자기 의견을 편하게 말하기가 어렵잖아요. 아무리 성소수자끼리 모여도 서로에 대해 완전히 이해할 수 없고 실수하고 상처를 주기도 하잖아요. 꼭 정체성에 관련된 게 아니더라도 서로에게 상처를 줄 수 있으니까." 이곳이 이미 안전한 곳이라 자만하지 않고 '서로를 존중하고 상처 주지 않으려고 신경 쓰는 공간이고 신경 써야 한다'는 걸 모두에게 상기시키는 규칙이 그렇게 만들어졌다.

'존중받는 경험'이 중심 문제의식인 만큼, '레인보우 내비게이션'의 반기별 기획 내용도 그 방향으로 조정되면서 운영되고

청소년 성소수자들이 자기를 표현하고 소개하는 것도 중요한 의미가 있다.

있다. 2기에는 병원 안내 등에 쓰는 시간을 줄이는 대신, 자기를 표현하고 서로 이야기 나누는 시간을 늘렸다. 경청과 지지의 시간이 늘어나면서 참여자들 사이의 관계도 더 끈끈해졌고 띵동에 대한 신뢰도 좀 더 깊어졌다. 참여한 청소년 성소수자들이 띵동에 더 적극적으로 지원을 요청하고 활동에 참여하는 모습도 보였다. 느루는 청소년 쉼터에서의 경험과 띵동에서의 경험을 곧잘 비교했다. "띵동은 다른 쉼터들과는 달리 탈가정을 일탈이라고 보지 않아요. 청소년의 권리 측면에 초점을 맞추는 기관이라는 생각이 들었어요."

#3 성소수자인권운동과 넘나드는 자립 지원

집을 나온 청소년들이 "아무도 나를 이해해 줄 것 같지 않은 격절감"을 느낀다면, 청소년 성소수자들의 격절감과 외로움은 또 다른 이야기를 품고 있다. 왜 집을 나오게 되었는지 이야기하는 것도 또 다른 용기를 필요로 할뿐더러, 탈가정 청소년 그룹 안에서도 성소수자인 청소년을 만나기란 쉽지 않다. 탈가정 청소년 성소수자로서의 경험을 이야기할 기회가 고팠던 느루는 '레인보우 내비게이션'에 참여하면서 가장 좋았던 점으로 "다른 탈가정한 청소년 성소수자들과 만나서 이야기할 수 있다"는 점을 꼽았다.

성소수자의 존재가 지워지고 고립당하는 사회이기에, 청소년 성소수자들은 성소수자로서 살아가는 삶의 모델을 찾기 힘들고 미래를 상상해 보기도 어렵다. 우리 사회가 생각하는 '정상적인 생애 주기'는 성별 이분법과 이성애 중심주의를 당연한 듯 전제하고 취업과 결혼, 육아 등을 배치해 놓고 있다. '레인보우 내비게이션'을 통해 참여자들은 관심을 가진 성정체성과 직업을 가진 비청소년 성소수자를 찾아가 만나면서 잠시나마 숨 쉴 틈을 얻었다.

과거에 비해 성소수자들의 존재가 많이 드러나고 성소수자 인권에 대한 관심도 커졌지만, 이런 변화는 잠복해 있던 혐오와 차별이 공개적으로 표출되는 계기가 되기도 한다. 그때마다 청소년 성소수자의 삶은 또다시 흔들린다. 2017년 〈군형법〉의 동성애 처벌 조항이 사회적 이슈가 되면서 여러 혐오 발언이 쏟아져 나왔을 때, "많은 청소년 성소수자들이 마음이 꺾이고 띵동에도 우울을 호소하는 상담이 늘었다"고 보통은 기억한다. 띵동이 청소년 성소수자들의 마음을 지탱하고 숨 쉴 공간이 되어 주더라도, 이런 일이 반복되는 이상 그 역할은 구명조끼나 산소 호흡기 정도밖에 되지 못한다. 띵동이 모든 청소년 성소수자들을 지원할 수도 없는 노릇이다.

보통은 "살려면 끝없이 고통과 차별을 감수해야 하는" 게 청소년 성소수자들의 일상이라고 말했다. 집을 나와서 일자리를 구하려고 해도 "청소년이고 성소수자이기 때문에 주저"하게 되고, 법적 미성년자이기에 임대차 계약도 제한되어 있다. 면접을 보러 가서도 "남자예요? 여자예요?"라는 질문을 받고 좌절하고, 자기 정체성과 다른 성별인 척하고 쉼터에 들어가 살기도 쉽지 않다. 성소수자 인권의 진전 없이, 청소년 성소수자의 자립도 진전될 수 없는 일이다.

그러하기에 띵동의 청소년 자립 지원은 성소수자인권운동과 긴밀히 연결될 수밖에 없다. 퀴어문화축제에 참여하고 다양한 연대 활동에 함께하는 건 기본이다. '레인보우 내비게이션' 활동이 성소수자 인권 이슈를 제기하는 활동으로 연결되기도 한다. 띵동에서 '레인보우 내비게이션' 참여자들과 여행 프로그램으로

경복궁에 각자 원하는 한복을 입고 입장했다.

경복궁에 간 적이 있었다. 지정 성별*에 관계없이 각자가 원하는 한복을 입고 입장했다가 성별에 맞지 않는 옷을 입은 사람들에게는 할인 혜택을 주지 않겠다는 직원들과 실랑이가 벌어졌다. 고궁 입장에서 성별 이분법적 지침을 폐기하라고 요구하는 기자회견에서 이날의 사건이 사례로 발표되기도 했다.

청소년 성소수자의 삶을 연구하고 기록하는 활동도 땡동만의 자립 지원 활동이다. 그 성과가 2017년 엮어 낸 《청소년 성소수자 인권 친화적 환경 구축을 위한 기초 조사 보고서 - Q로 만드는 울타리》다. 지금은 2017년 '레인보우 내비게이션'에 참여한

---

* 의학적·사회적·제도적으로 정해진 성별을 뜻한다.

이들의 탈가정 경험과 내밀한 삶의 이야기를 기록하는 작업도 진행하고 있다. 띵동에게는 청소년 성소수자들의 현실을 더 잘 이해하고 더 효과적인 지원을 찾아내는 일이고, 성소수자인권운동에는 청소년 의제를 던지는 일이며, 사회적으로는 "청소년 성소수자들이 얼마나 반인권적인 처우를 받고 있는지 직접적인 예시"를 보여 줌으로써 인식을 바꾸는 일이기도 하다.

#4 내비게이션의 경로와 도착지는?

"'이런 프로그램이 있으니까 이걸로 이 사람들을 교육시켜야겠다' 하지 말고, 사람들에 맞춰서 프로그램이 변화해야 한다고 생각해요." 느루는 청소년의 주체성과 권리에 초점을 맞춘 사업과 참여 청소년들의 의견이 적극 반영되는 시스템을 띵동에 기대하고 있다. 띵동에게도 이런 문제의식이 없지 않다. 2018년 '레인보우 내비게이션'에는 첫해 2기에 참여했던 청소년들이 자문단으로 참여하여 개선책을 제시하고 시뮬레이션을 진행하고 있다. 청소년이 주체적으로 활동하는 공간으로 한 걸음 더 다가간 셈이지만, 청소년들의 참여가 언제까지 이어질 수 있을지는 아직 불투명하다. 애초 자문단은 2기에 참여한 청소년들이 이대로 활동이 끝나는 걸 아쉬워했기 때문에 기획된 것이었다. 하지만 어떤 식으로 프로그램을 기획하고 준비해야 참여 청소년들의 의견을 반영할 수 있는지, 어떻게 해야 지속적인 참여가 가능한지 띵동에게는 여전한 고민거리다. 띵동의 궁극적인 도착지는 "쉼터를 만들고 청소년 성소수자들이 좀 더 편하게 와서 활동하는 공간을 만드는 것"이라고 류은찬은 말했다. 혐오로부터 안전한 공간을 넘어, 청소년들이 주체적으로 활동하고 띵동을 향해 청소년의 의견을 반영하라고 요구하는 청소년운영위원회도 만들어지기를 소망한다. 띵동 역시 그 도착지를 향한 경로를 계속 모색하고 있는 중이다.

보통은 "성소수자들도 이 사회에서 안전하게, 행복하게 잘 살 수 있다는 메시지를 주는 공간"이 되기 위해 띵동도 노력해야 하지만, 종래에는 "띵동뿐만 아니라 성소수자를 존중하는 곳들이 더 많이 생겨야" 한다고 덧붙였다. 외부 기관에 청소년 성소수자들을 연계할 때마다 신경 써야 할 게 한두 가지가 아니다. 가족과 학교로부터 밀려나는 청소년 성소수자들은 잘 드러나진 않지만 곳곳에 존재한다. 띵동만으로 이들의 삶을 모두 껴안을 수는 없다. 청소년 성소수자들이 안전감과 존중을 경험하는 공간은 위기 상황에 놓인 모든 청소년들에게도 안전과 존중을 제공할 수 있는 공간이다. 청소년 자립 지원 현장이라면 더더욱 청소년 성소수자의 존재와 인권에 민감한 공간이 되기 위한 노력을 멈춰서는 안 되는 이유다. 모든 청소년 자립 지원 현장이 띵동과 같은 곳이 되는 날을 위한 내비게이션을 함께 켜 보자.

| 띵동을 함께 일군
| 실무자의 이야기

이 공간, 이 시간이 나를 위해 존재한다는 것

보통 '레인보우 내비게이션'이라는 이름은, '꼭 어디에 도착을 안 해도 되니까 길을 찾아보자. 내가 어떻게 살고 싶은지 찾아가 보자. 그리고 길을 찾는 데 띵동이 동료가 되었으면 좋겠다' 해서 붙인 이름이에요. 참여자들이 자기 삶에 대해 생각을 많이 해 봤으면 좋겠고, 생각을 꺼냈을 때 지지받는 경험을 하면 좋겠다고 생각했어요. 왜냐면 청소년 성소수자들이, 어떤 사람인지 어떤 의견을 갖고 있는지 아무도 묻지 않고, 표현을 해도 무시당하고 오히려 차별받는 경험을 하잖아요. 대부분의 청소년들이 그런데, 성소수자면 더더욱 위축이 되고 실질적인 위협에 노출되니까요.

규칙을 함께 정하는 과정을 가진 것도 그런 점을 신경 썼어요. 저

혼자서 저는 안 권위적이라고 해도 사실 권위 같은 게 존재하는 건데……. 그래서 더 그런 점을 상기시키고 좀 더 깊게 전달할 수 있는 방법이 필요하다고 생각했어요. 이 공간, 이 시간이 자기를 위해 존재하는 거고 더 편하게 이야기해도 된다는 걸 전하고 싶어서, 말하고 싶을 때 말할 수 있고 안 하고 싶으면 안 해도 된다는 걸 전하고 싶었어요. 그래서 만든 '잠깐만요' 팻말도 실제로 사용된 적은 없어요. 하지만 있고 없고의 차이는 크다고 생각해요. 2기 때도 그런 고민이나 생각을 이어 가서 자기소개를 하고 '나 사용 설명서'라는 걸 만드는 시간을 가졌어요. 자기에겐 뭐가 중요하고 어떤 게 불편한지 등을 서로 알려 준 다음, 처음부터 공동체 규칙을 함께 만드는 걸 했어요.

띵동에서는 해결할 수 없는 점들이 있어서 인턴십이나 검정고시 준비 같은 데 도움을 줄 수 있는 외부 기관에 연계를 할 때도, 그런 기관들이 성소수자에 대해 어떤 가치관을 갖고 있는지, 또 그 공동체는 어떤 형태인지 신경 써야 해요. 저희가 많이 고려하는 건 이 사람의 존재가 존중받는 경험을 해야 한다는 거예요. 상담을 하든, 물질적 지원을 하든, 병원을 함께 가든, 이 사람의 의견이나 정체성이 무시당하지 않으면 좋겠다고 생각해요. 그래서 병원에 진료를 받으러 갈 때도 어떤 관점의 진료 기관인지 미리 확인하려고 노력해요. 띵동뿐만 아니라 성소수자를 존중하는 곳들이 많이 생기는 게 필요할 것 같아요.

띵동을 함께 만든
청소년의 이야기

느루 저는 2017년 8월에 탈가정을 했어요. 가정에서 커밍아웃을 했는데 가정폭력이 일어났고, 그 전에도 가정폭력이 있었기 때문이었어요. '레인보우 내비게이션'에는 탈가정한 이후의 삶은 어떤 식으로 꿈꿀 수 있을지 방향을 찾고 싶어서 참여하게 됐고요. 제가 참여하면서 가장 좋았던 건 다른 탈가정 성소수자 청소년들이랑 이야기할 수 있는 장이었다는 거예요. 일반적인 경우에는 다른 탈가정 청소년을 만나더라도 성소수자 청소년으로서의 경험을 이야기할 기회를 잘 얻지 못하니까요. 탈가정 경험이나 탈가정 이후의 삶에 대해 서로 공유하는 일도 많지 않은 거 같아요.

청소년 성소수자들은 청소년이라는 소수자성이랑 성소수자라는 소수자성이 교차하는 지점에서 많은 배제들과 차별을 경험하고 있는 것 같아요. 청소년 성소수자는 커밍아웃을 해도 "사춘기라 그렇다, 지나갈 것이다" 하면서 무시당하곤 하죠. 가정 안에서만이 아니라 사회적으로도 청소년은 이끌고 교육해야 할 대상이라서, '정상적인' 시스젠더* 이성애자로 이끌어야 한다고 생각하는 거죠.

청소년의 경우에는 '탈가정'이란 게 위법한 행위, 일탈 행위로 여겨지기 때문에 더 많은 장벽이 있고 위기가 도사리고 있다고 생각해요. 성소수자들이 일상에서 폭력을 당할 가능성이 굉장히 높은데도 대처하기가 어렵죠. 가정이나 학교에서 폭력을 당해서 살기가 힘들다 하더라도, 거길 나오면 '불법 존재'로 살아갈 수밖에 없는 것이 현실이라는 생각이 들고요. 탈가정을 한 이후에 아르바이트를 여러 번 했는데, 처음에는 보호자 동의서, 친권자 동의서가 필요해서 장벽이기도 했어요. 결국 그냥 제가 대신 사인을 했어요. 위조를 한 거죠. '이걸 위조하면 범죄인데' 고민을 하기도 했지만 결국 어쩔 수 없이 했어요. 불법 존재로 살아가면서 불법 행위를 안 저지르기는 너무 어려우니까요.

저는 성소수자 커뮤니티 안에서도 청소년에 대한 배제가 있다는 생각이 들어요. 성소수자 커뮤니티들이 대부분 비청소년 위주이고, 주로 바나 술집을 거점으로 형성되어 있기도 하고. 그런 문화에는 청소년이기 때문에 법적으로 접근할 수가 없죠. 비청소년 성소

---

* 지정받은 성별과 본인이 인식하는 성별 사이에 별다른 거리감과 위화감이 없는 사람을 가리킨다. 트랜스젠더와 대칭되어 만들어진 개념이다.

수자들도 청소년 성소수자들에게 좀 더 기다리라고 하고, 청소년들도 스스로 성소수자 커뮤니티에 들어가는 걸 성인이 되어야 할 수 있는 거라고 생각하고, 성인이 된 후에 자유로워지는 걸 꿈꿔요. 실제로 퀴어문화축제 같은 경우에도 공식 애프터 파티에 청소년이 참가할 수가 없는 경우가 있었어요. 청소년 성소수자들의 커뮤니티는 미약하고요. 같이 이야기 나눌 수 있는 공간이 부재한 현실인 거죠. 장벽이 더 낮아져야 한다고 생각해요.

기존의 쉼터는 성소수자의 존재 자체를 지워 버리는 경우가 많죠. 청소년은 당연히 시스젠더 이성애자일 거라고 생각하고. 또 청소년의 권리 중심이 아니라, '위기 청소년을 보호한다'는 보호주의적인 차원에서 서비스를 제공하고 있기 때문에 한계가 있다고 생각해요. 띵동은 그런 데서 좀 탈피해서 청소년들의 인권을 보호하려는 시도에서 출발한 것 같아요. 띵동이 처음에 '무지개청소년 세이프 스페이스' 이름으로 펀딩할 때부터 인상 깊게 봐 왔거든요. 앞으로는 쉼터도 만들어져야 할 것 같고요. 자립 기반을 마련해 주는 사업들이 더 넓게 시행되는 것도 필요해요. 폭력을 당했을 때나 아르바이트를 할 때에 일어난 문제에 대해서 법률적으로 전문적인 도움이나 상담을 해 줄 수 있으면 좋겠다고 생각해요.

'뭘 그런 걸 묻나?' 싶은 걸 묻는다

안산YWCA 여성과성상담소의 키움학교

고은채

다른 사람과 대화할 때 눈을 맞추는 태도를 우리는 언제 어떻게 익히게 된 것일까. "그 사람은 얘기할 때 눈을 안 봐"라는 말이 어떤 의미에서 '지적'이 될 만큼, 눈을 맞추는 단순한 자세도 대화와 관계 맺기에서 중요한 요소로 작용한다. "왜, 그런 걸 배워?" 누군가에겐 의문이 드는 배움이 누군가에겐 꼭 필요한 배움일 수 있다. 누군가에겐 당연하고 자연스러운 것이지만, 다른 누군가에겐 몸에 배기까지 오랫동안 어색하고 잘 되지 않는 것일 수도 있다. 누군가에겐 기본이라 여겨지는 어떤 태도, 어떤 반응, 어떤 역량 역시 처음부터 당연한 것이 아니었음을 일깨우는 사람들의 이야기가 여기 있다. 굳이 배우지 않아도 될 것 같은 기본적이고 필수적인 것들을 공들여 차근차근 배우고 연습하는 학교. 안산YWCA 여성과성상담소에서 운영하는 키움학교다. 지적 장애 청소년의 자립 역량 강화를 위해 시작된 키움학교에서는 내가 무엇을 원하는지 생각하고 선택하는 힘, 타인의 요구에 응하거나 거절하는 힘, 타인에게 나를 소개하고 또 기다려서 타인의 소개를 듣는 힘 같은 것들을 배운다.

#1 오랜 간절함 끝에 피어난 시작

안산YWCA 여성과성상담소(상담소)는 성폭력 피해자를 지원하기 위해 1999년에 문을 열었다. 지적 장애를 가진 피해자를 위한 상담과 법률 지원 활동을 하다 보니, 자연스럽게 지적 장애인의 성과 인권을 알리는 교육 활동에 뛰어들게 됐다. 장애인의 성과 인권에 대한 관심과 이해가 사회적으로 확산되고 있었지만, 이와 달리 보고되는 지적 장애인 성폭력 숫자는 늘어만 갔다. 고발과 증언이 늘어난 것은 반가운 변화였지만, 한편으론 성폭력에 노출된 지적 장애인의 삶이 변하지 않고 있다는 안타까운 증거이기도 하다. 상담과 1년 가까운 후속 지원을 제공했던 지적 장애인 성폭력 피해자가 또다시 피해자가 되어 등장했을 때마다, 상담소는 단기 상담과 교육을 넘어서는 무언가가 필요하다는 걸 절감하곤 했다. 다른 폭력이 그러하듯, 성폭력도 홀로 방어할 힘이 약하거나 주변의 지지 체계가 없는 사람을 대상으로 하는 경우가 많다. 신뢰할 만한 보호자가 항상 동행할 수도 없는 상황에서 지적 장애인의 성폭력 피해 우려는 상존할 수밖에 없었다. 반복되는 피해에 굴복하지 않고 상황을 반전시킬 무언가가 절실했다. 지적 장애 청소년이 "스스로 도움을 요청할 수 있는" 힘을 키우는 키움학교는 그렇게 시작됐다.

　키움학교를 해 보면 어떨까 하는 아이디어가 처음 제안됐던 2014년, 장애 자녀를 둔 부모들의 관심은 뜨거웠다. 다른 사람과 소통하는 법, 자기 주장을 펼치는 법, 지역 사회 서비스를 이용하는 법 등은 일상생활을 하기 위해 너무도 필수적이지만 어디서도 제대로 알려 주지 않는 것들이기에 부모들의 호응이 남

달랐다. 그런데 예상과 달리 결과는 정반대였다. "이 프로그램 너무 좋네요. 그런데 우리 애는 시간이 없어요." "정말 필요한데, 다른 거 할 게 많아서 못 하겠어요." 장애인 자녀의 교육과 활동에 관심을 가질 여건이 되는 보호자들은 대부분 자녀의 재활과 치료에 집중했다. 특히 자녀의 나이가 어릴수록 그런 경우가 많았다. 너무나 좋은 프로그램이라는 호의적인 반응에도 택하지 않은 보호자들이 대부분이었다. 여건이 안 되는 보호자들은 호응조차 없었다. 학교 교사의 반응도, 지원 여부를 검토하던 기관의 반응도 비슷했다. "내용은 좋은데 학교에서 할 게 많아서……." "이건 의무교육은 아니잖아요. 성폭력 예방 교육이 아니라서 안 되겠어요." 누군가에겐 필요하기는 한데 최우선 순위는 아니었고, 또 누군가에겐 '왜 해야 하는지 도통 알 수 없는' 그런 교육이었다.

지적 장애 자녀를 둔 가족으로부터도, 학교로부터도, 사회로부터도 외면당한 간절함. 하지만 상담소는 기다릴지언정 포기하지 않았다. 간절한 희망의 싹은 2016년 자몽 사업을 만나면서 피어났다. 키움학교 담당자인 박정화는 비로소 시작할 수 있었던 순간을 이렇게 회상한다. "정말 다행이었죠. 드디어 키움학교를 시작할 수 있게 됐으니까요. 자몽을 만나서 가능했던 거죠."

#2 묻고 기다리는 순간의 배움

지적 장애 자녀를 둔 많은 보호자들은 자녀가 고등학교 1~2학년쯤이 되면 한 가지 고민에 휩싸인다. 졸업과 동시에 오갈 데 없어지는 자녀와 자녀를 하루 종일 온전히 감당해야 하는 자신의 불안한 미래 때문이다. 성년기에 다다른 지적 장애인에게는 경제적 부담 없이, 안심하고 다닐 수 있는 배움터, 일터, 놀 곳, 섞일 곳이 없는 게 현실이다. 많은 장애인이 배움도, 관계도 단절된 채 '사회 아닌 사회'에서 오랜 세월 동안 살아가지만, 성년기 지적 장애인의 경우는 더더욱 심각하다. 키움학교 참여자를 처음 모집했을 때, 성년을 앞둔 지적 장애인의 신청이 도드라진 데에는 이런 맥락이 존재했다. 〈발달장애인 권리보장 및 지원에 관한 법률〉* 제정과 함께 최근 발달장애인지원센터가 개소되면서 성년기를 맞은 장애인과 가족에게 작은 숨통을 틔워 줄 전망이다. 그렇다고 지적 장애 청소년을 위한 교육도 충분하지는 않다. 상담소는 '더 일찍부터' 당연한 것을 배울 기회가 주어져야 한다고 생각했다. 그런 이유에서 키움학교는 초등과 중등 연령대의 지적 장애 청소년을 위한 배움의 자리를 기획했다. 상

* 〈발달장애인 권리보장 및 지원에 관한 법률〉은 2016년 12월에 제정되었다. 법에서는 지적 장애인, 자폐성 장애인 등 '통상적인 발달이 나타나지 아니하거나 크게 지연되어 일상생활이나 사회생활에 상당한 제약을 받는 사람'을 발달 장애인으로 정하고 있다.

담소나 학교 교사의 추천으로 폭력 피해 경험을 가진 10여 명의 지적 장애 청소년들이 키움학교를 찾아왔다.

타인과 눈 마주치기, 인사하기, 조리 도구 사용하기, 바느질하기, 대중교통 이용하기 등 주 1회 2시간씩, 한 해 총 30회에 가까운 수업이 진행됐다. 사는 데 필요하다 해도 배움이 항상 즐거우리란 법은 없다. 그래서 키움학교에는 필요하니까 꼭 해야 된다는 강제도 없다. 즐거운 시간을 만드는 것도 주요 목표이기 때문이다. 뜯어진 옷을 입고 다니는 참여자를 보면서 바느질 수업을 기획했지만, 정작 3년 차 수업에서 만들기로 결정된 것은 양말 인형이다. 학교 바느질 수업을 싫어했던 청소년도 양말 인형에 눈을 달면서 단추 달기를 연습하다 보면 바느질에 솔깃해지지 않을까 기대하면서 말이다. 먹는 것을 좋아하는 참여자들을 고려해 요리 수업을 진행했지만, 정작 멘토들만 '활약'하고 청소년들의 활동은 적어 아쉬웠던 게 1년 차 경험이었다. 그래서 3년 차에는 청소년에게 도구 사용법을 충분히 알려 준 다음, 전자레인지를 활용한 간편한 요리를 만들기로 했다. 시행착오 끝에 얻어 낸 교훈이었다. 이처럼 키움학교에서 한 번에 기획된 완벽한 프로그램은 없었다. 참여자를 알아 가면서 다듬어지고 변형되고 조화를 이루게 된 것들이다.

물론 계속해도 좀처럼 잘 되지 않는 것도 있다. 개인 위생 문제는 매년 키움학교의 과제로 떠오른다. 매일 세수를 하고, 양

치질을 하고, 빨래를 하는 생활 습관을 몸에 붙이는 일은 키움학교가 주력하는 역량 강화의 내용이지만, 가장 어려움을 느끼는 부분이기도 하다. 가족의 지원이 없다면 습관이 되기 어렵다. 게다가 위생 문제는 대개 개인 또는 가족이 감당해야 마땅한 것으로 여겨지기 때문에 외부 조력의 목록에서도 제외되거나 방치되기 쉽다. 여름이 다가오면서 키움학교 강의를 맡은 윤미라와 권영주, 사업 담당자인 박정화와 멘토들의 고민이 깊어졌다. '단체로 목욕탕에 갈까, 수영장에 갈까?' 여러 차례 유혹에 빠지곤 했다. 위생은 개인의 건강뿐 아니라 주변 관계에도 영향을 미치는 중요한 요소였다. 아무리 친해도 땀 냄새가 심한 타인과 마주 앉기를 즐거워할 사람은 많지 않다. 위생 관리가 안 되는 장애인이나 그 가족을 탓하지 않고, '즐거운 배움'과 연결할 수 있는 방법은 없을까. 고민 끝에 3년 차에 찾은 길이 세탁기 사용법을 배우는 프로그램이었다.

 이처럼 키움학교의 프로그램에는 실생활에 필요한 것들이 많다. 그러나 '기술'의 개수를 늘려 나가는 것보다는 '함께 살아갈 수 있는 역량'에 더 주목한다. 주방 도구 사용법을 배우는 시간을 마련했지만, 설령 불이나 칼을 사용하지 못해도 동네 식당에 가서 음식을 주문할 수 있기를 바란다. 주문을 하려면 기다려야 하고, 질문에 대답을 하거나 눈을 마주쳐야 하고, 돈을 지불해야 하고, 때로는 인사도 나누게 되는, 이 '사소한' 일상이 지적 장애 청소년에게는 당황스럽고 낯선 세계일 때가 많다. 이 모든 과정에 스스로 판단하고 결정하는 시간들이 자리한다. 그래서 키움학교에서는 '뭘 그런 걸 묻나?' 싶은 걸 묻는다. 참여자들이 이제껏 경험하지 못했기에 순간 당황하는, 그런 것들을 묻고 기다린다. '그냥 종이를 한 장씩 나눠 주면 좋을 텐데 왜 고르라고 한 거지?' 청소년으로부터 이런 무언의 메시지가 느껴지더라도 묻고 기다린다. 조금 힘들어하고 어색해하는 이들이 있어도 '이전과 다른 경험'을 마주하도록 기다린다. "이 색깔로 할래요." "이번에는 제가 나눠 줄래요." 하나둘 자기 의견을 적극적으로 표현하는 사람들이 등장하기 시작한다. '뭐 그런 사소한 것'부터 물어보고 선택하고 스스로 결정할 수 있도록 하는 게 키움학교가 만들어 가는 자립 지원의 기본이다.

더디지만 가족의 변화도 뒤따르고 있다. 키움학교에 다니는 지적 장애 청소년과 보호자가 함께 분식집에 갔을 때의 일이다. 이전 같으면 보호자가 그냥 주문했을 텐데, 이번에는 자녀에게 주문을 맡겼다고 한다. "떡볶이 1인분에 김밥 2줄"은 "떡볶이 1줄에 김밥 2인분"으로 주문됐다. 무엇이 문제인가, 못 알아듣는 사람도 없는데! 더욱이 생애 '첫 주문'이다. 보호자가 지금껏 일방적으로 지시하고 대신했던 태도를 바꾸어 묻고 기다리고 기회를 주는 변화는 분명 키움학교가 이끈 것이다. 보호자의 변화는 지적 장애 청소년에게 기회와 자립의 새싹이 된다. 학부모 간

먹고 싶은 음식을 정하고 주문하는 것도 수업의 일부다.

담회나 가정 방문을 통해 키움학교는 보호자의 변화 역시 제안하고 기다린다.

#3 '좋아하는 것'을 알아차리는 시간

첫해 키움학교에 참여했던 한 청소년이 매주 멘토와 자동차로 이동할 때마다 차창 밖으로 지나는 전철을 가리키면서 말했다. "스무 살이 되면 저거 탈 수 있어요." 신체 장애가 있어서 걸음걸이가 조금 불편하긴 했지만, 이동에 큰 어려움은 없던 이였기에 왜 굳이 스무 살이 되어서야 전철을 탈 수 있는지, 지금은 왜 탈

수 없는지, 조금은 의아한 일이었다. 자세한 이유는 알 수 없었지만, 당장 못 할 이유도 없었다. 멘토들이 참여하는 사례 회의를 통해 '전철 타기'가 프로그램으로 만들어졌다. 전철 타고 과천 동물원으로 소풍 가기. 소풍 가기 1달 전부터 대중교통이 무엇인지, 어떻게 이용하는지, 안전하게 이용하려면 어찌해야 하는지 수업이 진행됐다. 그렇게 "두고두고 기억되는" 즐거운 소풍을 다녀왔다. 한때는 전철을 타 보는 게 꿈이었던 이가 이제는 다른 꿈을 꾸고 있지 않을까.

키움학교에 오는 청소년들은 이토록 사소해 보이는 것들을 "꿈"으로 간직하고 있는 경우가 많다. 사소하니까 꿈이 안 되는 것이 아니라 사소해도 거쳐야만 다른 꿈이 싹튼다. "비장애 청소년들이 노래와 춤에 관심이 많잖아요? 지적 장애 청소년도 관심이 많아요. 노래 부르는 것도 좋아하고, 춤추는 것도 좋아해요. 음악이 들리면 춤을 춰요. 흥이 정말 많아요. 그런데 그런 걸 할 데가 없어요. 표현하고 즐길 수 있는 장이 없어요. 학교에서 긴 시간을 보내는데, 학교에서는 대부분 '지금 그거 하면 안 되는 시간이야' 그러니까요." 박정화는 해야 하는 것, 하면 안 되는 것으로 가득 차 있는 이들의 시간이 늘 안타깝다. 지적 장애인이 성년기에 이르러 보호 작업장에서 일을 하게 되거나 행정 보조로 취업을 하게 되면 보호자도, 담임 교사도 모두 '잘됐다'고 말한다. 그러나 당사자의 사정은 다를 수 있다. "한 성인 지적 장애인이 포장 회사에 취업이 됐었거든요. 보호자도 그렇고, 복지관에서도 잘됐다고 그랬어요. 그런데 다니던 복지관에만 오면 그 사람이 우는 거예요. 그림 그리기를 좋아했는데 회사를 다니면서 그림을 그릴 수 없었기 때문이었죠." 박정화는 지적 장애인에게 '할 수 있는 것'을 가르쳐 주는 데 그치지 않고 '하고 싶은 것'이 무엇인지 알아차리고 표현할 장을 제공하는 게 중요하다고 말한다. 누구도 묻지 않고, 기회도 주어지지 않는 삶에서 자신이 좋아하는 것을 알아차리고 시도해 볼 기회를 보장받는 삶으로 이동하는 것. 지적 장애인에게는 자립의 여정이다.

그래서일까. 키움학교 자체가 참여 청소년들에게도 '좋아하는 것', '좋아하는 것을 해 볼 수 있는 시간'이 되어 가고 있는 모양이다. 최근 한 멘토는 청소년으로부터 한 통의 문자를 받았다. "이번 주에 키움학교 안 하는 거 맞아요?" 우는 표정의 이모티콘과 함께 도착한 문자였다. 수업에서 배드민턴 운동을 하지 않는다는 얘기를 잘못 전달받아 학교가 열리지 않는다는 얘기로 알게 된 청소년이 아쉬움에 문자를 보낸 것이다. 평소에는 목소리를 내서 말을 하거나, 먼저 질문을 하거나, 문자를 보내는 일이 없던 이였다. 특정 몇몇 사람 외에겐 목소리를 내서 말하지 않아 초반에는 목소리가 어떤지 들을 기회도 없었다고 한다. 하지만 지금은 멘토에게 문자도 보내고, 프로그램을 진행하는 윤미라 강사에게는 귓속말로 의견을 표현하기도 한다.

스스로 해 봐도 된다고, 좋아하는 것을 마음껏 표현하라고 응원받는 자리에서 주변을 돌아볼 여지가 싹텄다. 자폐 성향을 가진 청소년의 경우에 흔히 타인에게 관심을 보이지 않는다. 키움학교에 오는 청소년들도 초반에는 자기가 가져온 장난감을 가지고 놀거나 창밖을 보면서 대부분 혼자만의 시간을 보냈다. 타인과 어울려야 한다는 걸 아예 인식하지 않거나 혹은 타인과 어울리는 법을 아예 모르는 경우도 있었다. 하지만 시간이 지나면서 청소년들이 점차 주변 사람에게 관심을 갖기 시작했다. "선생님, 왜 ○○이는 안 왔어요?" 오지 않는 친구의 사정을 궁금해하고 장난감도 나누어 놀게 됐다. 박정화는 이런 변화가 더없이 반갑다. "타인에 대한 관심은 이 사회에서 관계를 맺고 살아가는 중요한 요소"이기 때문이다.

#4 든든한 기둥이 된 멘토

'멘토' 없는 키움학교는 상상하기 어렵다. 초기 키움학교를 기획할 때만 해도 멘토는 이동 도움이 필요한 일부 청소년을 위한 '선택' 사항이었다. 학교에서 키움학교로, 키움학교에서 다시 집으로 가는 길에 동행해 줄 사람이 없어서 참여를 포기하는 이들이 없기를 바라서였다. 지적 장애인, 특히 지적 장애 청소년에 대한 폭력과 안전 위협이 상존하는 사회에서 '안전한 이동'은 가족 구성원이 홀로 감당해야 할 몫이거나 활동 지원 서비스를 받아야만 가능한 경우가 많다. 활동 지원 서비스를 받는 시간은 언제나 필요에 비해 턱없이 부족하다. 그래서 많은 지적 장애 청소년은 시간이 있어도 자유롭게 생활하지 못한다. 멘토는 선택 사항이 아니라 모든 이들에게 필수일 수밖에 없었다. 상담소는 키움학교를 열기 전에 멘토를 먼저 모집하고 그들의 역량을 키우는 교육과정을 열기로 기획 방향을 틀었다.

키움학교에서 멘토는 2~3명의 청소년과 그룹을 이루어 차량 이동과 일상적 소통을 지원하고 수업도 돕는다. 한번은 차량 이동을 위해 멘토와 청소년들이 차에 타려고 했을 때 질문이 날아왔다. "근데 앞자리에 누가 앉아요?" 그때 담당 멘토 선생님 머릿속에 '띵' 하고 종이 울렸다. 시뮬레이션에는 없던, 상상하지 못한 뜻밖의 '질문'이었다. '뭔가 의견을 제시해야 하나? 시간도 없는데 누가 앞에 타라고 먼저 말을 할까? 다른 차량은 어떻게 했지?' 짧은 순간 많은 질문이 멘토의 머릿속을 스쳐 갔다. 멘토는 앞지르지 않고 상황이 어떻게 전개될지 기다렸다. 잠시 후, 자리는 정해졌다. 방법은 '가위바위보'. 청소년들이 스스로 의견을 냈다. 이 짧은 순간의 경험은 사례 회의에서 많은 이야기를 쏟아 내게 했다. 예상치 못했던 '청소년의 관심 지점'을 돌아보는 반성부터 '잘했다, 잘 기다렸다'라며 서로에게 보내는 토닥토닥까지. 배움도, 자립도 '청소년만 잘하면 되는' 게 아니라 '그들 곁의 우리도 기다리는 힘을 키워야 가능하다'는 소중한 깨우침도 덤으로 챙겼다. 박정화는 "멘토 없이 수업만 진행했다면 현재의 키움학교는 없었을 거"라고 확신한다. 안전한 이동뿐 아니라 감정을 주고받고 생활을 나누고 관계를 맺는 사람으로서 멘토는 키움학교를 '키움학교'답게 만드는 필수가 됐다.

멘토의 역할이 어디까지여야 하는지는 여전히 고민거리다. 한 해 교육이 끝난 2017년 말, 키움학교에서 강의와 멘토를 맡고 있는 권영주는 참여 청소년인 김지영(가명, 중학생)을 집으로 초대했다. 김지영은 현재 거주 시설에서 생활하고 있다. 권영주의 가족과 함께 식사하고 산책하며 하룻밤을 보낸 김지영은 이날의 기억을 두고두고 떠올렸다. "선생님, 저 수원 화성행궁 가 봤어요." "되게 좋았어요." "영주 선생님이랑 같이 갔어요." 차를 타고 가다가도 그날의 이야기가 불쑥불쑥 튀어나온다. 즐거운 추억이지만 한편으로는 이런 경험이 적고 애착이 강한 이에게는 박탈감으로 남을까 걱정이다. 실제로 김지영은 연말의 초대 이후 며칠간 마음이 힘든 시간을 보내야 했다. 이 경험은 키움학교에도 숙제로 남았다.

새로움을 경험하고 관계를 맺고, 감정을 나누는 것은 자연스러운 일상이고 자립하려는 인간의 과정이다. 때로는 관계를 끊고, 상처를 받고, 실패하는 것도 삶의 일면이다. 새로운 경험과 관계가 온전히 기쁨과 즐거움만을 가져다주는 것이 아님을 경

멘토의 역량을 키우는 교육과정

험하고 배운다. 영화 〈위 캔 두 댓!We Can Do That!〉*을 보면, 오랫동안 병원에 격리당했던 장애인들이 지역 사회로 나와 살면서 기쁨과 행복, 슬픔 또는 이별을 겪는다. 그렇다고 다시 병원이나 시설로 돌아가는 것은 그 어떤 선택 사항에도 들어가지 않는다. 마찬가지로 슬픔과 실패가 지적 장애인의 자립이나 새로운 관계를 맺는 기회를 막을 수는 없다. 고통과 실패를 마주하더라도 덜 상처받고 헤쳐 나갈 수 있는 단단함을 키우고 함께할 환경을 만드는 것. 키움학교는 다만 그 노력을 기울일 뿐이다.

* 2008년 이탈리아에서 제작된 영화. 1983년, 이탈리아에서 정신 장애인을 병원에 강제 수용해 온 제도를 폐지하는 '바자리아법'이 제정되면서 지역 사회에 살게 된 정신 장애인들이 협동조합을 만들어 나가는 이야기를 담았다.

#5 아쉬워만 하기보다 필요한 역할을 찾아

가족의 지원을 받는 지적 장애 청소년은 대개 언어 치료, 특수 체육, 인지 치료 등으로 바쁜 일상을 보낸다. 이런 교육이 모든 지적 장애인에게 반드시 필요한 것이라 볼 수는 없지만, 자녀의 장애를 아직 받아들이지 못했거나 조금이라도 상황이 나아지길 기대하는 가족에겐 포기할 수 없는 일이 된다. 반대로 가족 지원을 받기 힘든 청소년들은 온갖 치료나 교육 대신에 끊임없이 '기다리는 시간'을 보내야 한다. 학교를 마치고 돌아온 집에서 멀뚱히, 보호자가 올 때까지 보내야 하는 길고 긴 시간들. 이렇게 보내야만 하는 시간 때문에 폭력의 위험에 처하기도 한다. 상담소를 통해 키움학교에 온 청소년들은 대체로 폭력 피해 경험을 가지고 있다. 지적 장애 청소년에게는 자녀에 대한 보호자의 관심이 지속적 교육과 변화의 유일한 동력인 경우가 많다. 보호자의 경제적, 정신적 지원과 돌봄이 중요한 이유다. 키움학교에는 언제나 보호자의 자립 조력이 아쉽기만 하고, 반대로 보호자의 작은 변화도 소중하게 다가온다.

그러나 보호자가 나서지 않는다고 탓하기만 할 수는 없다. 키움학교의 청소년들은 보호자가 없거나, 보호자가 있어도 청소년에게 관심이 없거나 관심을 가질 수 없는 처지가 대부분이다. 지적 장애 보호자를 둔 청소년도 있고, 고령의 조모와 지적 장애를 가진 형을 둔 청소년도 있고, 생계에 늘 고단한 부모를 둔 청소년도 있다. "부모는 뭘 하길래 애를 저렇게 두나?", "부모가 게을러서 애들 빨래도 안 하고 씻기지도 않네", "부모가 애 교육에 관심이 없어서 저래"라는 흔한 비난은 이들 가족의 고단한 처지를 비추지 않는다. 맥락을 삭제한 비난 대신 채워야 할 역할을 찾아보는 게 사회가 해야 할 몫이다. 지원할 수 없는 보호자와 가족의 열악한 환경은 지적 장애 청소년의 자립을 취약하게 만드는 주요 요소이지만, 이들의 자립을 위한 절대적 요소가 아니라 하나의 요소로 만들기 위해 사회적 조력이 절실하다. 키움학교가 채워 온 역할도 바로 그것이었다. 폭력의 고리를 끊을 수 있도록 지적 장애인의 자기 결정권과 관계를 엮을 힘에 주목하고, 건강하고도 행복한 삶을 스스로 만들어 갈 힘을 키울 기회를 지속적으로 확대하는 것. 키움학교가 던지는 힌트가 지적 장애 청소년의 자립 지원 방향에 참고가 되길 기대하면서 말이다.

| 키움학교를 함께 일군
| 강사의 이야기

기술에서 감정으로

윤미라 사회를 살아가는 데 뭔가를 기다리기도 하고 누구를 배려하기도 하는 게 필수적이잖아요. 글자 하나를 아는 것보다도 그런 것들이 자립에서 더 중요하고요. 말로는 또는 커리큘럼으로는 아이들이 서로 소통하고 함께하는 사회인으로 성장했으면 좋겠다고 하죠. 책에도 나오고, 부모도 선생님도 다 그렇게 말하는데, 그렇게 할 수 있는 여건을 만들어 주는 곳은 많지 않아요. 그냥 아이들보고, 바다에 배 하나 띄워 놓고 타라고, 알아서 살아가라고 하는 것과 같아요.

학교에서뿐 아니라 가정에서도 해야만 하는데……. 감정교육을 안 하지요. 하지만 대단히 중요하잖아요. 모든 의사소통과 관계 형성이 감정에서 나오는 거잖아요. 그걸 충분히 하느냐 못 하느냐에 따라서 사회성이 발달되기도 하고 발달이 멈추기도 하거든요. 그런데 학교는 물론이고, 가정에서도 이런 감정교육이 없어요. 보호자 본인들이 그런 교육을 받아 본 적이 없었으니까요. 부모들은 발달장애를 가진 자녀가 모를 거라고 생각해요. "아무리 해도 몰라요"라면서. 학교에서도 마찬가지고요. 그런데 모르지 않아요. 키움학교가 다른 지적 장애인 재활 교육과는 다른 프로그램으로, 감정에 대한 것, 생활의 기술에 관한 것, 관계를 맺는 것 등으로 구성된 이유가 바로 이런 맥락이에요.

"인사를 할 때는 상대방을 쳐다보면 좋겠지?" "상대방을 보고 인사하고, 말을 할 때도 상대방의 얼굴을 바라보고 인사해도 괜찮은 거야." 이런 식으로 이야기를 해요. '이렇게 해'라고 강하게 말하면 안 되는 친구들도 있으니까요. 폭력에 노출돼 있는 친구들은 통제나 억압을 받는 느낌으로 받아들일 수 있거든요. 그래서 "그렇게 해도 괜찮은 거야, 이렇게 해도 돼"라고 말하고 스스로가 선택할 수 있게 하는 게 제일 중요하죠.

사람들은 요리를 만들면 생활의 기술로만 생각하는 경우가 있는데, 사실은 요리를 할 때도 어떤 마음으로 요리를 하고, 누가 내 음식을 맛있게 먹을 때 너무 기분이 좋고 이런 게 중요하잖아요. 그것을 표현하고 해요. 그 어느 것도 사람의 감정이 들어가지 않는 경우가 없잖아요. 그런데 우리 아이들에게 감정이라는 것을 배제하고 기능적인 것만을 가르치면, 로봇하고 다를 게 뭐겠어요. 그건 사람한테 하는 게 아니에요. 내가 음식을 만들면서 즐거움을 느끼는 것, 함께하면서 재미있고 신나는 것, 그리고 같이 먹으면서 맛있게 느껴지는 것. 그런 것들을 활동하면서 지속적으로 수업 중에 내뱉게 하죠. "함께하니까 어때? 혼자 하는 게 재미있을까, 함께하는 게 재미있을까?" 이렇게. 함께하는 재미를 알려 주고 느끼게 하는 거죠.

**키움학교를 함께 만든
청소년의 이야기**

"키움학교가 없으면 힘들 것 같아요"

고은채 키움학교 선생님과 보통 만나는 어른들 사이에 차이가 있나요?

김지영 다른 어른들은 얘기를 들어 주기는 하는데 실천은 안 하는데, 여기서는 끝까지 듣고 어떻게 하고 어떻게 해야 되겠다고 실천을 바로 하니까 차이점이 드러나요. 학교 선생님들은 화를 내요. 친절한 선생님도 있지만. 대부분 화를 내요.

고은채 키움학교 선생님들이 다른 어른과 다르게 여러분을 대우하면 기분이 어때요?

김지영 속이 시원해요.

고은채 키움학교에 참여하면서 달라진 것이 있나요? 변한 것이 있나요?

김지영 생각하는 시간이 많아졌어요. 얘기할 것을 미리 생각해 놓고 이제 얘기를 하니까. 제가 자꾸 말을 더듬네요. (웃음) (이런 변화가) 괜찮은 거 같아요. 학교에 가면 아예 말이 없어요. 쉬는 시간에만 말을 하고, 수업 시간에는 말이 없어요. 학교에서는 규칙이…… 떠들거나 친구들과 장난치거나 소리 내거나 하면 싫어하니까요.

고은채 키움학교를 그만 다닌다고 하면 기분이 어때요?

김지영 힘들 것 같아요. 생각을 안 해 봤어요.

이것저것 해 보고 싶어지는 '집'

청소년 자립팸 이상한나라

호연

10대 때 이미 "새로운 사람과 새로운 공간에서 지내는 것이 만성이 되었다"고 말하는 사람들이 있다. 이들은 공통적으로 "자유롭다", "공동체 약속을 함께 정한다"는 말에 끌려 청소년 자립팸 이상한나라(이상한나라 또는 자립팸으로 표기)에 입국 신청을 한다. 이들 대부분은 쉼터, 그룹홈, 자취 집, 길 위에 머물며 여러 장소와 사람을 오간 '화려한' 거주의 역사를 가지고 있다.

청소년 니모는 아동 보호 시설, 쉼터, 그룹홈, 고시텔을 거쳐 이상한나라에 입국했다. 그녀는 "나랏돈을 안 받는 곳"이라는 친구들의 소개말에 호기심을 느꼈다. 정해진 기상-취침-식사 시간, 허락 후 외박, 이미 짜인 공부 등 쉼터에 "빡센 규칙"이 있는 이유는 나랏돈으로 운영되기 때문이라는 말을 들은 적이 있다. "시간표에 맞춰 딱딱딱딱!" "정해진 대로 딱딱딱딱!" 쉼터에서는 자신의 삶이 "로봇처럼" 느껴졌다. 산속에 있던 그룹홈에서 지낼 때 아이들의 머리는 원장님이 잘라 준 "똑단발" 아니면 "까까머리"였다. 맏언니라는 이유만으로 이부자리를 펴야 하는 등 동생들을 돌봐야 했다. "거의 선생님 역할을 하고 있는" 자신을 볼 때면 '내가 왜 이렇게 있어야 하지'라는 생각에 갑갑해졌다. 강압적인 집이 싫어 탈출했는데 다시 원하지 않는 통제를 받는 것에 화가 났다. 납득이 되지 않으면 니모는 실무자에게 꼬치꼬치 물어 이유를 알고자 했다. 그녀는 그렇게 스스로 "쫓겨남"을 선택했고 이상한나라의 구성원인 '앨리스'가 되었다.

#1 이상한 사회에서 '이상한나라'를 건국하다

이상한나라의 시작은 '움직이는 청소년센터 EXIT'의 역사와 연결되어 있다. 부천에서 EXIT가 버스를 운영할 때 활동가들은 쉼터에 갈 수 없거나 가고 싶어 하지 않는 청소년을 거리에 그냥 둘 수 없어 사무실로 데려와 자곤 했다. 2012년 겨울 '숙박' 청소년이 몰리면서 다른 거처가 필요했고 2013년 이상한나라가 만들어졌다. '가출팸'에 사는 '이상한' 청소년이라는 눈총을 받는 이들이 "사회가 더 이상한 게 아니냐"며 자립팸을 긍정하는 이상한나라로 모였다. 이들은 만 18세에서 24세 청소년으로 이상한나라에서는 '앨리스'로 불린다. 이상한나라는 건국 이념에서부터 많은 사람들에게 낯설고 의아할 수 있는 '청소년의 주거권'을 선언하고 있다. 누구나 안정된 집에서 생활할 권리가 있으며 청소년에게 그 권리가 있다고 말한다. 한국 사회에서 한 번도 시민의 위치에 놓여 본 적이 없는 청소년을 한 나라의 시민으로 호명한다. 이 시민은 이상한나라라는 공동체 운영에 주체적으로 참여할 권리와 책임을 누린다. 자립팸이라는 이름에서 알 수 있듯이 이상한나라의 시민은 스스로 자신의 삶을 계획하고 자립에 필요한 자원을 요구하고 만들어 간다. 이 나라의 존재 이유는 청소년 시민에게 다양한 일과 배움의 기회를 제공하고 자립을 지원하는 것이다.

이상한나라에서는 국정 과제에 따른 다양한 제도가 운영된다. 공동체 생활을 유지하기 위해 가족회의, 가족 여행, 비정상 회담을 연다. 가족회의는 자립팸의 구성원들이 공유하고 싶은 소식, 요구 사항, 불만, 문제점 등을 스스로, 함께 논의해서 조정하고 결정하는 시간이다. 구체적인 내용을 보면 친구를 데려오거나 재울 경우 서로 지켜야 할 사항, 가족회의 담당자 정하기, 집안일 나누기, 집들이 준비, 가족 여행 등이 안건이 된다. 가족 여행은 앨리스들이 직접 기획해서 진행한다. 살면서 처음으로 가족 여행을 간 앨리스가 "환상이 아니라 나에게도 실제로 일어났다"며 감격했던 모습은 행복한 추억이다. 앨리스들에게 가족 여행은 소소한 얘기를 나누고 웃고 장난치며 "가족 분위기"를 느끼는 시간이다. 비정상 회담의 원래 이름은 자립 평가 회였다. 자립을 앞둔 앨리스들이 자립팸에서 보낸 시간들을 돌아보며 그 의미를 함께 공유하는 자리이다. 사람들 앞에서 자신의 얘기를 하는 것도 떨리는데 자립 '평가'회라는 이름 때문에 앨리스들이 더 부담을 느끼는 것 같아 비정상 회담으로 이름을 바꾸었다.

공동체 활동이 전체가 모이는 자리의 성격이라면, 다른 활동들은 각자 선택해서 할 일을 정한다. 앨리스 중에는 자립을 준비하기 위해 인턴십을 하는 사람이 있고 검정고시를 준비하는 사람도 있고 대안학교 등에서 공부의 재미를 알아 가는 사람도 있다. 자립에 필요한 경제/진로교육이 열리기도 한다. 자립 준비는 정해진 활동이 있기보다 각자 자신의 길을 찾아가는 과정에서 앨리스가 필요하다고 판단하는 활동으로 구성한다. '4.16기억과행동청소년실천단' 활동이나 인권영화제, 성폭력 생존자 말하기 대회 등의 행사에 참여하는 것과 같은 사회 참여 활동도 있다. 이상한나라는 사회 참여 활동을 "청소년의 목소리와 권리를 되찾는 과정"이라고 본다. 앨리스들은 이 시간을 통해 사회에 더 관심을 갖게 되고 그것이 자신과 떨어진 문제가 아니라는 것을 알아 간다. 이들은 함께 내는 목소리의 힘이 변화를 만들 수 있다고 말한다.

이상한나라에서 보내는 2년은 여러 국정 과제를 함께 도모하고 실천해 나가는 시간이다. 거주 기간은 기본 2년이지만 자립 준비를 포함해 가장 길게 살면 2년 2개월까지 살 수 있다. 초반에는 EXIT가 연계해 입국한 청소년이 많았으나 점점 알려져 또래 친구 소개나 청소년 자립 매장 소개 등 입국 경로가 다양해졌다. 요즘은 입국을 원하는 청소년이 많아 상황에 따라 짧게는 1년, 길게는 3년까지 대기하다가 들어오기도 한다. 많은 청소년들이 "오래 기다려서 왔다"고 얘기하는 이곳의 매력은 무엇일까? 이들이 자유를 찾아 왔다고 말할 때 청소년이 원하는 '자유로운 삶'의 내용은 무엇이고 그것은 왜 이들에게 중요한 것일까?

#2 와글와글 투닥투닥, 우리의 목소리로 만드는 집

청소년 니모는 친구들을 데리고 와 방을 구경시켜 주면서 "여기가 우리 집이야"라고 말할 수 있는 집을 꿈꿔 왔다. 니모뿐 아니라 다른 앨리스들도 "인간의 삶에 주거 안정이 얼마나 큰지", "왜 주거가 인간의 권리여야 하는지"를 이해할 수 있는 삶의 경험을 가지고 있다. 집이 아닌 곳에서의 거주 경험은 "집 같은 분위기"에서 살고 싶다는 말로 드러난다. 앨리스들은 어떨 때 거주 공간을 '집' 또는 '내 집'이라고 느끼게 될까? 친구를 데리고 와서 같이 잘 수 있을 때, 마음대로 방을 꾸밀 수 있을 때, 곧 쫓겨난다는 생각을 안 해도 될 때, 구속받지 않을 때, 집은 이들에게 "여유롭게 쉴 수 있는" 장소가 된다. 그때 집은 건물이 아닌 마음의 장소가 된다.

쉼터와 자립팸의 비교에서도 앨리스들이 생각하는 집이란 어떤 곳인지 잘 드러난다. 앨리스 중 하나는 정해진 시간에 맞춰 억지로 밥을 먹는 것이 아니라 "먹고 싶은 시간에 밥을 먹을 수 있어서" 이곳이 좋았다고 말한다. 자립팸을 "평범한 가정집"이라고 얘기하는 청소년 니모는 쉼터에서 "동생들이 잘못하면 관리를 못한다며 혼났던" 경험을 얘기한다. 그때마다 그녀는 '어쩌라는 거지?'라고 생각했다. "니가 언니니까 봐줘야지", "동생들이 어리니까 니네가 이해해 줘라"라는 말도 마찬가지였다. 실무

'4.16기억과행동청소년실천단'에 앨리스들도 함께했다.

자들이 주는 "다독인다는 느낌"은 뭔지 모를 찜찜함을 안겨 주었다. 반대로 자립팸에서는 "싸움이 나든 뭘 하든 일단 가족회의"를 하고, "이렇게 저렇게 하라는 강요가 아닌 회의를 통해 결정"한다. 실패하면 다시 얘기해서 방법을 찾는다. "선생님들 위주가 아닌 청소년 위주"다. 앨리스들이 말하는 이야기 속에는 누가 문제의 판단자가 되는지, 누가 해결의 주체가 되는지, 누가 사는 곳의 기준과 규칙을 정하는 사람인지에 대한 질문이 들어 있다.

자립팸에서는 "사는 사람이 바뀔 때마다 규칙이 계속 바뀐다". 구성원의 조합에 따라 좌충우돌하는 게 다르고 사는 이들이 각자의 것을 표현하기 때문에 작년의 집이 올해의 그 집은 아니다. 그래서 현재 시점으로만 얘기할 수 있다. 외박은 허락받지 않아도 된다. 같이 사는 친구들이 걱정하지 않게 단톡방에 자신의 상황을 공유한다. 술과 담배도 자기가 하던 대로 하면 된다. 공동 생활비 통장이 있어서 각자 생활비 10만 원을 내고 그 돈으로 필요한 것을 사고 개인 돈으로 사 먹기도 한다. 언제 먹을지도 원하는 대로 한다. 집에 친구를 데리고 오는 것도 함께 사는 이들에게 미리 얘기만 하면 된다. 처음에는 친구 초대가 1달에 두세 번이었는데 가족회의에서 그때그때 변경하면서 이제는 1달에 스무 번이 되었다. 스무 번을 다 쓰고 나면 부탁해서 다른 앨리스의 친구 초대권을 대신 써도 된다. 그렇게 하다 보니 집에 초대한 친구가 많아져 인구 밀도가 높은 불편한 상황이 생겼다. 가족회의 때 다시 얘기를 해서 불편하지 않을 정도로 조정했다.

필요와 상황에 따라 정해지거나 바뀌는 '우리들의 규칙'은 끊임없는 대화의 과정이다. 앨리스 각자가 생각하는 문제를 함께 있는 자리에 내놓고 토론을 하면서 '우리의 문제'로 만든다. 논의로 결정한 것이 지켜지지 않으면 당사자의 얘기를 듣고 어쩔 수 없는 상황은 이해하고 동의할 수 없는 상황은 다시 얘기하면서 책임을 묻고 해결책을 찾아간다. 하나의 해결책을 정하는 것이 아니라 계속해서 가능성을 열어 놓고 다른 것을 시도하는 과정이다. "규칙이나 통제가 없는 것은 더 다양한 경험을 할 수 있게 만든다"고 자립팸은 생각한다.

"스스로 결정할 수 있을 때 책임지는 법을 배울 수 있다." 공동체 생활에서 중심에 있는 사람이 정해지거나 고정되지 않을 때 '공동'은 만들어진다. 한 사람이나 소수의 결정이 아니라 각자가 모여 함께 결정할 때 책임을 전가하지 않고 책임에 공감하고 나누는 감각을 갖게 된다. 한 앨리스는 이것을 "자립에 더 가까운 과정"이라고 말한다. 갈등은 늘 존재하고 서로 얘기를 해서 조정해 나가는 것이 우리의 일상이기 때문이다. "선택하고 함께 정하는 것을 연습한 기초가 잡힌 사람들"이 또 다른 사회로 나갈 때 각자 자신의 주장을 말할 수 있고 조율할 수 있다.

청소년 니모는 결국 같이 있는 사람이 "서로 편하기 위해 만드는 게 규칙"이라고 말한다. "어차피 같이 살아야 하는데 서로 안 맞는 규칙을 뜬금없이 세워 놓고 그렇게 살라 얘기를 하면 답이 없다"는 것이다. 그런 규칙은 서로를 불편하게 하고 맨날 싸우게 만든다. 물론 논의가 어려운 경우 피로감이 높아질 때도 있다. 니모는 판단에 자신이 없을 때 "표가 많은 쪽으로 묻어 갈 때"도 있다고 고백한다. 하지만 그녀는 선택권을 가지고 해결 방안을 찾는 것이 앨리스의 일상이고 그 결정을 누리는 것도 자신이기에 뿌듯하다고 말한다. 이것이 규칙의 부당함을 몸소 겪었고 그것을 열심히 탐구해서 그 활용을 깨달은 청소년이 비청소년에게 들려주는 청소년 버전의 규칙 이야기이다.

규칙에 대한 앨리스들의 경험과 입장은 청소년이라는 위치 때문에만 나온 얘기일까? 활동가 김선옥 역시 이곳에서는 "동의하지 않는 일을 안 해서 좋고 마음이 편하다"고 말한다. 그녀도 쉼터에서 일할 때 그곳에서 살고 싶지 않은 세 가지 이유가 있었다. 취침 시간이 있는 것, 아침에 청소년을 깨워야 하는 것, 먹기 싫은데 정해진 시간에 밥을 먹어야 하는 것. 그녀는 자기도 하기 싫은데 청소년이 싫어하는 규칙을 지키라고 "강요하는 역할을 계속해야 하는 게 혼란스러웠다".

함께 정한 규칙일 때 지켜지지 않는 책임을 묻는 과정은 누군가의 "감시나 검사"가 아니다. 했는지 안 했는지를 혼내고 명령하는 과정이 아니라 하지 못한 것에 대해 조언하고 부탁하면서 다시 고민하고 선택지를 찾아가는 시간이다. 명령이 기분 나쁜 경험이라면 조언과 부탁은 존중받는 경험이다. 존중받고 있을 때 기분이 좋다는 걸 경험해 본 사람은 그 느낌을 알고 기억한다. 어떤 태도와 말이 기분을 나쁘거나 좋게 하는지를 일상에서 경험할 때 좋은 것을 판단할 수 있는 감각이 생기고 다른 관계에도 적용할 수 있다. 필요한 것은 일방적인 결정이 아닌, 변화를 기대하면서 함께 바라볼 수 있는 기다림의 시간이다.

#3 기다리다 보면 들을 수 있는 이야기

앨리스와 함께 지내는 활동가들에게 기다림은 일상이다. 앨리스의 결정이 필요한데 활동가가 보낸 메시지에 응답하지 않는 경우가 있다. 앨리스들이 일을 하러 가야 하는데 일어나지 않거나 무단 결근을 하거나 병원에 가야 하는데 계속 미루는 경우도 있다. 활동가 곽예슬은 이 일을 하게 된 초반에 이미 마음을 내려놓았다고 말한다. "우리가 만나는 청소년들은 자유로워서 이들을 만나 뭔가를 하려면 두세 시간은 기다려야 한다고 생각하게 되었다." 활동가 김선옥도 일을 시작하고 처음에는 앨리스가 '온다고 했는데 왜 안 오지?'라는 생각을 많이 했다. 그러다가 이제는 병원에 꼭 가야 할 때는 몇 시간 전부터 계속 연락하지만 그렇지 않을 때는 한두 번 연락하고 청소년이 오지 않을 것도 염두에 둔다. 앨리스와 약속한 장소에 나갈 때도 약속이 깨지면 뭘 하고 있을지를 미리 생각하고 나간다. 이상한나라는 청소년에게 "억지로 시키고 '와야 돼, 해야 돼' 그런 분위기가 아니다". 오지 않아도 많이 불안해하지 않는다. 독촉해도 안 된다는 걸 알기에 '그때'가 오기를 기다린다. "기다리다 보면 청소년의 변화를 보게 된다."

활동가들도 자립팸에 온 초반에는 앨리스들에게 뭔가를 더 해야 될 것 같은 부담감이 있었다. 앨리스의 얘기를 들을 때도 듣기에 더 집중하기보다 지원해야 할 내용을 파악하기 위해 "계속 일로 연결하는 생각"으로 가 있곤 했다. 지금은 앨리스가 활동가에게 요청하기를 기다리는 게 더 많아졌다. 앨리스들도 이 부분에 의견을 같이한다. 자립팸에 함께할 수 있는 활동가는 다양한 청소년의 삶의 경험과 맥락을 이해하고 다른 속도를 인정해 주면서 기다려 줄 줄 아는 사람이라고 말한다.

기다림의 시간이 끝날 때쯤이면, 재촉하지 않고 곁에 있었기 때문에 들을 수 있는 얘기가 있다. 기다림의 시간에 앨리스들도 아무것도 하지 않는 게 아니라 자기 삶에 대한 고민을 더 많이 하고 있다는 것을 알게 된다. 앨리스가 그런 행동을 할 때는 그럴 만한 이유가 각자 있다는 것도 들을 수 있게 된다. 활동가가 기다려 주었기 때문에 활동가와 함께 얘기하면서 방법을 같이 찾아갈 마음이 앨리스들에게 생긴다는 것도 기다림의 시간을 통해 배웠다.

그렇다고 아무것도 안 하고 기다리기만 하는 것은 아니다. 카톡도 보내고 쪽지도 써 놓고 계속 내가 널 기다리고 있다는 신호를 보낸다. 기다리고 있는 활동가가 어떤 마음으로 기다리고 있는지를 앨리스에게 전한다. 그리고 활동가들은 앨리스를 "꼬신다". 활동가 김선옥은 다른 청소년 기관에 있을 때는 "너 이거 왜 안 해?"라는 식으로 얘길 했다면 이곳에서는 "이걸 하면 이런 좋은 것들이 있어"라는 식의 말을 많이 한다고 말한다. 실무자가 비난과 금지의 말을 했을 때와 하지 않았을 때 청소년은 다른 반응을 보인다. 시간이 걸리더라도 권유와 설득, 기다림의 언어가 동기 부여로 이어지거나 더 해 보려는 시도를 만든다. 앨리스에게 건네진 얘기는 일부러 만들어 낸 형식적인 칭찬이 아니다. 청소년과 비청소년 사이의 관계이기보다, 곁에 있는 사람으로서 함께하고 싶은 사람에게 건네는 믿는 마음이다. 활동가 곽예슬도 비슷한 얘기를 한다. 앨리스가 뭘 한다고 했을 때 여러 명이 다 달려들어서 "와, 어떻게 하게 됐어?"라고 말한다. 그러면 그이가 피식피식 웃으면서 좋아하고 "이런 것도 해 보려고 해"라는 말을 한다. 자립팸의 활동가들은 "그동안 잘해 왔으니까 넌 잘할 거야"와 같은 기대의 말이 때로는 의도치 않게 청소년에게 부담으로 다가갈 수 있다는 것 또한 알고 있다. 앨리스들과 만나는 시간은 그 적절함의 농도를 발휘할 수 있는 감각을 익히는 시간이기도 하다.

청소년 니모도 활동가의 '유혹'에 넘어갔던 경험을 얘기한다. "항상 부정적으로 생각했다"는 그녀는 활동가들의 권유와 설득의 말이 어떻게 전달되었는지 말해 준다. 니모는 영어를 배우려고 했지만 할 수 있을까 하는 위축된 마음 때문에 시도조차 못했었다. 그때 한 활동가가 "한번 해 봐, 인생을 즐겨 봐"라며 니모의 "마음을 넓혀 주었다". 요리 학원도 "나는 못 할 거야"라고 했을 때 옆에 있는 사람들이 "한번 해 봐. 하다가 안 맞으면 때

려치면 되지"라며 응원해 주었다. "든든하게 옆에서 지원해 주니 마음이 혹하게 되어" 여러 가지 도전을 할 수 있었다.

자립팸의 활동가들은 기다리고 꼬시는 과정에서 앨리스의 삶에 대한 개입의 시점과 정도, 내용을 계속 고민한다. 활동가 곽예슬은 "어디까지 개입을 해야 하는지 정해진 게 없으니 사람과 상황마다 고민을 하게 된다"고 말한다. 개입을 했어도 과도한 것이 아니었는지 스스로 질문한다. 판단이 안 될 때는 앨리스에게 물어본다. 친밀한 관계이기 때문에 앨리스가 활동가의 얘기에 더 영향을 받을 수 있고 "그대로 자신의 생각처럼 되어 버리는 것 같아" 더 신중해진다.

#4 불안을 함께 견딘다는 것

최소한의 개입과 기다림의 시간은 불안과 함께하는 시간이기도 하다. 활동가들은 과도한 개입도 걱정이지만, 개입이 필요한 순간에 적절한 개입을 못 한 것은 아닌가 하는 불안도 함께 느낀다. 불안 때문에 한 개입이 실제로는 소용없는 것이었음을 과정에서 확인할 때도 있지만 그렇다고 불안이 사라지는 것은 아니다. 활동가 곽예슬은 다양한 상황에 놓인, 새로운 청소년이 이상한나라에 입국하기 때문에 이들을 이해하고 지원하기 위해 계속 알아가야 하는 것들이 많다고 말한다. 그들의 삶의 경험을 다 알지는 못한다는 불안감과 무슨 일이 생길지도 모른다는 불안감이 계속 따라다닌다.

활동가 김선옥은 "쉼터에서 느껴 보지 못한 불안"에 대해 말한다. 쉼터는 비청소년이 교대로 근무하기 때문에 청소년을 지켜볼 사람이 늘 있는 구조이지만 자립팸은 그렇지 않다. 집 안에 사무실을 두면 청소년만의 집이라는 느낌이 안 들기도 하고 그들이 거주하고 운영하는 집이라는 의미가 중요하기 때문에 자립팸은 사무실과 집을 분리하기로 했다. 활동가 두 사람이 하루씩 숙직을 하고 필요에 따라 더 가는 방향으로 운영한다. 지금은 EXIT와 자립팸 활동가들이 앨리스들에게 얘기하지 않고도 자립팸에 갈 수 있지만 예전엔 숙직하는 날이 아니면 활동가들도 미리 얘기해야 갈 수 있었다. 앨리스들은 집을 쉬고 밥해 먹고 노는 곳이라고 생각하기 때문에 숙직하는 활동가가 자신들과 놀지 않고 컴퓨터를 켜고 일을 하는 걸 싫어한다. 그렇지만 활동가들이 없는 상태에서 자신을 해하는 행동을 하는 앨리스가 있을까 봐 불안할 때가 있다. 무슨 일이 일어날 것 같으면 계속 붙어 있어야 할 것 같다. 불안한 상태를 뒤로하고 퇴근하는 날이면 "집에 와도 집에 온 것 같지 않다". 입국 시기나 각자의 스케줄, 그리고 친밀성의 정도에 따라 앨리스들이 서로를 살피지 못하는 관계나 상황에 있는 경우도 있다. 그럴 때 활동가들의 불안도 커진다. 그렇다고 활동가의 불안을 없애기 위해 '그들의 집'으로 들어갈 수도 없는 일. 자립팸의 활동가들은 불안에 잠식당하지 않으면서 불안과 함께 살아갈 수밖에 없다.

그렇다면 사라지지 않는 불안을 견디는 힘은 어디에서 올까? 먼저 앨리스들과 일상의 과정을 겪어 내는 시간이 늘어날수록 그들을 더 믿게 되고 덜 불안해진다. 그리고 "거짓말을 해도 믿겠네" 싶을 정도로 서로를 신뢰하는 동료들이 있다. "일할 때 외롭게 만들지 않는다." 뭘 할 수 있을지 모르는 상황일 때도 같이 붙어서 머리를 맞댄다. 내 일처럼 다 붙어서 일을 나눈다. 동료 간의 친밀성은 이곳의 매력이자 불안을 버티는 힘이다. 그러다 보면 언젠가 불안을 다룰 줄 아는 그날을 함께 맞이하게 된다. 에너지를 쓸 일이 많아 빨리 지치게 되는 활동의 조건을 고려할 때 서로를 지켜봐 주는 동료의 역할은 더욱 중요해진다.

활동가들의 불안만큼이나 출국을 생각하거나 앞둔 앨리스들도 불안하다. 자립하려면 돈도 있어야 하고 일자리도 있어야 하고 돈 관리도 잘해야 한다. "배워야 하는 것은 많은데 2년 동안 다 할 수도 없다." 일과 배움을 병행하는 것은 현실적으로 어렵기만 하다. 실질적으로 부족한 상태에서 출국을 하는 경우가 많다. 앨리스 중 하나는 그렇다고 해서 "그 사람들이 자립팸에서 생활을 잘 못한 것은 아니고 실패한 것도 아니다"라고 말한다. 왜냐하면 "완벽한 자립은 없으니까". 출국을 준비하는 과정에서 느끼는 불안 중에는 관계의 문제도 있다. 앨리스들은 여길 나가고 나면 이전만큼 활동가들을 볼 수 없다는 걸 불안해한다. 출국을 해도 관계가 이어질 수 있다는 걸 알지만 힘들 때 얼마나 함께해 줄 수 있는지를 확신할 수 없어 불안하다.

활동가 김선옥은 "출국 후 큰 어려움 없이 지내는 이들을 보면 1년 정도 직장이 유지되는 경우"라고 말한다. 그동안 앨리스의 출국 시기와 직장 적응 시기가 잘 맞는 경우는 많지 않았다. 직장에 가서 6개월은 적응을 해 봐야 계속 일할 수 있을지 판단할 수 있다. 하지만 새로운 직장에 다닌 지 얼마 안 된 상태에서 출국하거나 출국 후 직장이 바뀌면 어려움을 겪는다. 구할 수 있는 일자리가 없는 것은 아니다. 문제는 '적응'이다.

앨리스들이 직장에 '적응'하는 걸 어려워하는 이유를 조금 더 상세하게 살펴볼 필요가 있다. 초반에는 문제가 없지만 시간이 지나면 업무의 내용이 추가되고 더 많은 업무 이해력이 필요해진다. 업무가 자기와 맞지 않아서라기보다는 해야 할 업무가 이해되지 않는 상황에서 이를 자세히 설명해 주는 상사도 없고 상사나 동료에게 물어보지도 못하는 상황에서 문제가 발생한다. 업무에 대한 상세한 설명을 듣지 못한 채 혼자 애써서 하는 과정은 오해를 만들고 무능력한 사람이라는 낙인을 만들어 내기도 한다. 직장에서 자신을 막 대하는 "나쁜 사람"을 만나면 이들은 버틸 수 있는 좋은 이유를 하나도 찾지 못한 채 일을 그만둔다. 이렇게 부당한 경험이 쌓이고 일을 그만두게 되면 다시 취업하기가 두려워진다. 이들 대부분은 자립팸에 오기 전 탈가정, 탈학교 경험을 했고 주로 또래들과 관계를 맺었다. 다른 경험은 했지만, 어휘에 대한 이해력을 자연스럽게 습득하게 되는 대화나 다양한 학습의 경험이 부족했다. 어휘에 대한 이해력을 높이기 위해 학습을 연계하기도 하지만 그것만으로 해소되는 문제는 아니다.

 이런 상황에서 자립팸 활동가들은 앨리스가 직장에서 겪은 상황을 재연해서 하나씩 짚어 보는 시간을 지속적으로 갖는다. 이들의 얘기를 통해 얻은 정보만으로는 한계가 있지만 최대한 듣고 상황을 유추한다. 앨리스가 이해할 수 없거나 모르겠다고 한 장면에 대해 다시 생각하게 한다. 맥락을 이해할 수 있도록 장면이나 관계를 같이 해석해 본다. 만약 화를 참지 못해 싸우고 일을 그만두는 앨리스가 있다면 화가 날 때 화를 잘 내는 방법과 자신의 의사를 정확하게 전달하는 방법을 함께 얘기한다. 활동가와 앨리스는 할 수 있는 것들을 함께해 보지만 그 부분을 채우기에 자립팸에서의 2년은 짧기만 하다.

 출국을 앞두고 있는 청소년 니모 역시 자립팸에서 "길지만 살아 보면 짧았던 시간"을 보냈다. 이곳에 오기 전 고시텔에서 살았을 땐 주거비를 벌기 위해 열심히 일만 했다. 자립팸에 와서 거처가 있다고 생각하니 일보다는 공부가 더 하고 싶어졌다. 전에도 공부가 하고 싶었지만 자신이 없었다. 학교 다닐 때는 운동을 해서 교실에 들어가 본 적이 별로 없었다. 영어 알파벳도 잘 모르고 한글 맞춤법도 잘 틀리고 누구 앞에서 글 읽는 것도 두려웠다. 그러다가 니모는 2017년 꿈꾸는아이들의학교 '플랜비'의 오픈 회원으로 참여하게 되면서 생각이 바뀌었다. 공부가 재미있다는 것을 알았다. 교실에 있는 것이 더 이상 두렵지 않았다. 수작(手作) 시간에 선생님이 재봉틀 사용법을 하나부터 열까지 상세하게 알려 주었고 몰라서 물어보면 친절하게 대답해 주었다. 어디서도 배울 수 없을 것 같은 자전거 정비도 배웠다. 이제는 졸업 못 한 고등학교를 마치기 위해 성인 대안학교를 가 볼까 하는 생각을 하고 있다. 니모가 무엇이든 편하게 물을 수 있어 공부의 재미를 알게 된 것처럼 직장생활에서도 신입 직원이 무엇이든 물어볼 수 있는 '권리'를 갖는 것이 얼마나 중요한 문제인지를 다시금 생각하게 한다.

#5 당신의 변화가 내게로 왔다

활동가 김선옥은 요즘 알고 지낸 주위 친구들로부터 변했다는 얘기를 듣는다. 부정적으로 얘기하는 면이 줄어든 것 같다고 그녀도 느낀다. 청소년 니모도 자립팸에 와서 많이 변했다고 얘기한다. 예전에는 사람들에게 "이거 해, 저거 해" 하는 말투였다. 그런데 자립팸에서 듣는 말이 "이렇게 해 줄 수 있을까?", "이거

해 볼래?", "부탁해"와 같은 "선택에 대한 단어들"이다 보니 어느새 니모도 사람들에게 그렇게 말하고 있었다. 놓치고 싶지 않은 사람이 생길수록 그 사람과 계속 만나려면 자신이 먼저 다가가야 한다는 것도 알았고 "사람들과 같이 푸는 습관"도 생겼다. 누군가와 싸우고 내 잘못이 있으면 먼저 사과를 한다. 사과를 받아야 할 때는 "니가 잘못한 거 너도 알고 있을 것 같고. 그래서 니가 내 앞에 안 나타나는 거잖아. 이해해. 놀러 가자"라고 말할 수 있게 되었다. "인간관계는 1도 몰랐고 상대방이 뭘 좋아하든 관심도 없고 내 위주"였는데, 자립을 하려면 그러면 안 된다는 것도 알았다. "뭘 좋아하는지 알게 되었고 의욕도 많아졌다." 요즘은 "나만의 세계가 생겼다"고 느낀다. 그녀는 이런 변화가 신기하기만 하다. 그래서 니모에게 자립팸은 "없어서는 안 될 집"이다.

앞서 나랏돈을 받지 않는다는 말에 끌려 자립팸에 오게 되었다는 청소년 니모의 말은 현재 청소년 지원 기관의 제도적 문제를 간파한 이야기이기도 하다. 자립팸은 구성원들에 의해 유동적인 규칙을 만들 수 있고, 청소년의 속도에 맞춰 운영할 수 있고 기다림의 시간을 구성원들이 충분히 가질 수 있다. 앨리스가 필요하다고 판단할 때 일을 진행할 수도 있다. 비청소년의 욕구에 맞춰 미리 정해 놓은 틀이 없는 상태에서 앨리스들의 욕구에 따라 사업을 기획하고 필요에 따라 바꿀 수도 있다. 자립팸의

자립팸 이상한나라를 소개하는 한 앨리스의 그림

정원은 5명인데 현재 3명이 살고 있다고 해서 후원 기관에서 문제 삼지 않는다. 후원 기관은 자립팸의 활동가들이 더 나은 방향을 고민할 시간이 필요하다는 점을 이해하고 기다려 준다.

  정부 지원을 받지 않고 후원금으로 운영하는 구조이기에 구성원들의 자율적 선택과 결정이 더 가능한 것은 사실이다. 기관에 강요되는 일, 평가나 관리를 명목으로 요구되는 과도한 행정 업무처럼 꼭 해야 되는 일이 없다는 것은 자율성의 중요한 기반이다. 다양한 시도와 연습의 가능성을 여는 자율성은 청소년 자립의 길을 찾아가는 과정에서 이것저것 해 볼 수 있게 한다. 그러나 정부 지원을 받지 않는다고 해서 자립팸처럼 청소년 주

이상한나라에 '입국'하려면 여권을 받아야 한다.

도성을 중요한 가치로 생각하는 기관이 되리라는 보장은 없다. 실적을 더 중요하게 여기는 후원 기관도 많다. 이것저것 해 보는 재미를 알아 버린 앨리스와 활동가들은 우리에게 질문을 던진다. 청소년 기관의 존재 이유는 누구로부터 나오는가? 왜 청소년은 이상한나라에 입국하기를 원하는가? 현재 청소년 자립의 제도적 지원은 누구의 어떤 전제와 주장으로 채워져 있는가? 그 속에서 정작 들어야 할 청소년의 목소리는 어디쯤 존재하는가?

| 이상한나라를 함께 일군
| 활동가들의 이야기

어떤 기다림

김선옥 니모가 처음에 왔을 때 어떻게 만나야 할지 고민이었어요. 일을 간다고 해 놓고 갑자기 어느 날 안 나가고, 약속을 해도 연락 없이 안 오곤 했어요. 저는 어느 순간 화가 나고 이이는 표현하는 게 제일 어렵다고 하고. 제가 이이한테 했던 건 기다림밖에 없던 거 같아요. 그래도 못 오면 얘기는 해 달라는 것부터 시작했어요. 내가 어떤 마음인지는 전달해야겠다, 아무 말 안 하고는 도저히 못 참겠다 싶어서요. 그런 상황이 될 때마다 하루 이틀 기다렸다가 제 마음을 전했어요. 처음에는 니모가 제가 말하면 짜증을 내다가 어느 순간 제 말을 끝까지 들어 주더라고요. 또 계속 기다렸죠. 2~3달이 지난 후에 "나 오늘 학교 못 갈 것 같아" 하고 문자가 온 거예요. 그

때 사무실에 있었는데 문자 받았다고 동료들이 같이 박수 치고, 하하하. 문자 받은 게 너무 좋은 거예요. 나중에 니모한테 얘기를 들었어요. 자기는 무슨 말을 하려면 시간이 필요한데 그 시간을 기다려 주어서 고맙다는 얘길 하더라고요. 그 후로는 이이가 의사 표현을 하게 됐고 지금은 무단으로 안 오거나 그런 거는 없어요. 니모를 만나면서 '아, 이곳이 이런 곳이구나' 느끼게 됐어요. 제가 이 집을 이해했던 상징적인 장면이랄까요.

이상한나라의 이상한 매력

곽예술 힘든데 매력적이다? 제가 활동가이긴 하지만 모르는 게 많은데 이들과 같이 살면서 많은 걸 알게 된 거 같아요. 같이 크는 느낌이랄까요. 앨리스들도 자립을 준비하지만 저도 계속 성장하는. 성장통처럼 힘든 것도 있지만 계속 멈추지 않고 성장하는 느낌이 들어요. 힘든 것도 있지만 같이 있으면 일단 즐거워요. 숙직 갈 때는 피곤한 상태로 가지만 막상 이들을 만나 놀고 얘기할 때 재밌어요.

| 이상한나라를 함께 만든
청소년의 이야기

출국을 준비하면서 겪은 일

ㄴ모 출국을 하면 다른 살 곳이 필요하잖아요. 출국 준비를 하면서 알아본 성인 쉼터가 있었어요. 거기에서 학원을 지원해 주겠다고 해서 '한식 조리 학원을 다녀야지' 꿈에 부풀어 있었어요. 근데 거기 원장님을 만났는데 "나이 든 사람도 다 따는 건데 그거 따서 뭐 하게?" 그러는 거예요. "취업하게요" 그랬죠. "그거 없어도 주방에서 일할 수 있는데 니가 가게 낼 거야?" 하고 물어서 "돈만 되면 내고 싶다"고 대답했더니 "나이 들어서 따도 되는 거네" 하면서 단칼에 할 말 없게끔 만들어 버렸어요. 그 말에 그냥 벙쪘어요. 좀 더 활용성 있는 자격증을 따라는 거였죠. 근데 그런 게 어떤 거지? 저 사람이 말한 활용성은 뭘까? 그런 생각밖에 안 들었던 거 같아요.

원장님이 담당 선생님한테 이랬대요. "니모는 고등학교 졸업을 안 했으니까 지금 자격증 믿고 취업을 하려고 하는 거잖아. 쉼터에 입소를 시켜서 대안학교를 보내라. 그 다음에 거기서 연결해 주는 직장으로 가라." 결론은 '시키는 대로 해라' 이런 거잖아요. 쉼터는 지원을 해 주니까 좋긴 한데 일방적으로 하는 것 때문에 고민이 돼요. 저한테도 선택권을 달라는 거죠. 저는 요리 쪽으로 가고 싶으니까 조리사 자격증도 따고 영양사 자격증도 따고 싶어요. 근데 그렇게 내 인생을 좌지우지할 거면 내가 쉼터에 뭐 하러 들어가나 싶은 거죠. 나도 인권이 있는데.

자립과 인권이 만난 이야기에서 읽어 낸 철학들

별거 아닌 것들이 별스럽게 된 이야기

배경내

이 책에서 소개한 청소년 현장들은 각자의 빛깔로 청소년 자립의 새로운 이야기를 그려 나가고 있다. 기관의 성격도, 자몽 사업이 기획된 맥락도, 참여 청소년의 사회적 위치와 역사도 다르다. 그래서 사업의 구체적 내용과 자립 지원의 초점에도 차이가 있다. 어떤 기관에는 있으나 다른 기관에서는 없는 이야기도 있다. 어떤 기관에선 도드라지는 지향이 다른 기관에선 흔적이나 암시 정도로만 발견되기도 한다. 이 모든 차이를 지우고 뭉뚱그려 공통의 요소를 추출해 내기엔 무리가 따른다. 자몽 3년을 거치면서 이들 현장이 걸어온 발걸음이 어떤 이야기를 건네고 있는지 종합해 보려는 이 글은 그래서 쓰기에 쉽지 않았다. 헤매고 있던 사이, 어떤 생각이 스쳤다. 북극을 향해 바늘 끝을 떨고 있는 나침반처럼, 이들의 이야기도 비슷한 방향을 가리키며 흔들리고 있는 건 아닐까. 각자 다른 이야기처럼 보이지만 그 안에 깃든 철학은 서로 닮아 있는 건 아닐까. 이 글은 이 책의 글들을 함께 쓰고 갈무리하며, 첫 번째 독자로서 제멋대로 독해하고 제멋대로 주목한 몇 가지 이야기다.

#1 위기

　위기를 바라보는 태도가 가장 먼저 눈에 들어온다. 그들은 청소년의 삶에 누적되어 온 위기들을 적어도 '외면'하지 않는다. 청소년 자립 지원 기관들은 위기 상황에 놓인 청소년을 지원하기 위해 존재한다. 그러나 길을 가다 방향을 잃는 경우도 잦다. 당장에 마주하는 청소년들의 삶이 안타깝고, 무기력해 보이거나 시간 약속을 잘 지키지 못하는 습관들에 답답함을 느끼다 보면, 위기가 낳은 이런 '결과'에만 눈길이 머물기 쉽다. 책에 소개된 기관들은 적어도 청소년의 몸과 정신을 탓하기만 하는 함정에 빠지지 않으려 노력한다. '그냥 내버려 두어서는 알아서 할 줄 아는 게 없고, 책임감이 부족하며, 이런저런 장애와 결핍을 갖고 있다. 그래서 자립할 수 있도록 우리가 채워 주어야 한다'라고 말하는 건 무책임한 일이며 문제를 더 꼬이게 만들 뿐임을 그들은 '경험'을 통해 되새기고 있는 것으로 보인다.

　청소년을 비난하는 대신에 그들은 "기회가 재차 생략된", "평등한 시작을 빼앗긴", 질문 받아 본 적 없는, 자기 시간의 주인이 되어 본 적 없는 청소년들의 역사로 고민의 추를 옮겨 간다. 지원이나 보호나 교육이라는 이름으로 다시 기회를 빼앗고, 하나의 위기를 청소년의 삶에 더 얹는 것은 아닐까, 주의를 기울인다. 활동가·실무자의 '문법'이 아니라 청소년의 '문법'에 맞추어 자립 지원의 방향을 재구성하려고 노력한다. 청소년의 자립을 지원하는 기관이라면, 문제를 '청소년'이 아닌 '위기'에서 찾아야 한다는 건 이미 다 아는 얘기라 생각할지 모른다. 현실은 간단치 않다. 어떤 의미에서는 당연한, 그러나 길을 가다 보면 잊기 쉬운 바로 그 출발점을 그들은 기억하려 한다.

#2 재미

"거기 재미있는 데야." 청소년이 놓인 삶의 위기를 정면으로 응시하면서도 그곳엔 어떤 재미있는 구석들이 엿보인다. 재미가 있어 찾아오게 되고, 재미가 있어 친구를 데려오게 되고, 재미가 있어 이야기꽃이 피어나고, 재미가 있어 혹여나 못 오게 될까 봐 불안해지는 곳. "알면 알수록" 더 재미있어지고 자꾸만 발걸음이 옮겨지는 곳. 단지 표피적인, 휘발성의 재미는 아니다. 청소년과 자립을 바라보는 철학에 바탕을 두고 피어오르는 재미에 가깝다. "평가 없는 표현"이, 스스로 기획하는 시간이, 처음 받아 본 '안전한' 질문이, 내가 배우고 익힌 것을 다른 사람에게 전수하는 자부심이, 함께 있으면 좋은 사람들이 재미를 엮는다. 좋아하는 것을 '비로소' 알아차리는 순간에서, "생애 첫 주문"처럼 사소한 변화를 경험하는 기회에서 오는 재미도 있다. 그 재미가 "다른 데 같았으면 그렇게 즐겁게 일하지 못했을" 차이를 만들고, "일상이 즐겁다 보면 더 힘이 나서 맞닥뜨린 수많은 문제들을 해결할 수" 있는 힘으로 이어지기도 한다. 언제나 재미있지만은 않다. 다툼도, 피곤함도, 맥 빠지는 일도 일어나는 게 당연지사. 그런데도 재미있고, 그 재미가 지속적인 도전을 만든다.

흥미로운 건 기관에서 일하는 활동가·실무자들도 참으로 고단할 것 같은 이곳을 재미있어한다는 점이다. 책을 읽다 보면 이들이 느끼는 재미란 "진짜" 청소년의 삶을 "제대로" 만나는, 현장에 발을 딛고 청소년이란 존재와 개인을 깊이 응시하는 재미는 아닐까, 생각하게 된다.

#3 비움

그들은 청소년을 제대로 만나기 위해 더 완벽해지기보다 더 많은 '구멍'을 만들려는 사람들 같다. 그들은 채우지 않고 비우고, 앞지르지 않고 기다린다. 판을 다 짜 놓고 청소년을 불러 모으기보다 판을 그리는 자리에서부터 청소년을 초대하려 한다. 어떤 이는 '이런 게 너희한텐 필요한데 왜 안 하니?'라는 조바심 어린 개입을 자제했고, 또 어떤 이는 기관과 실무자가 "보고 싶은 그림"에 대한 욕심을 내려놓았다. "나 혼자 해 버리고 싶은" 효율성에 대한 유혹을 버리고, '~라면 ~해야 한다'는 당위와 강박을 내려놓은 이도 있다. 그 빈자리에 그들은 청소년이 설 자리를 만들었다. 짜인 시간표를 제시하기보다 스스로 시간표를 짜 보도록 하고, 시간표가 있더라도 "시간에 대한 자기 감각"을 찾 도록 비어 있는 시간을 만들고, 고형의 서비스와 교육을 제공하 기보다 청소년이 직접 자기가 필요한 데 시간과 자원을 써 보는 말랑말랑한 경험을 열었다. "뭘 그런 걸 묻나" 싶은 걸 묻고, 어 찌 해결하나 기다렸다.

놀랍게도, 아니 어쩌면 당연하게도, 버리고 나니 "할 수 있는 게 더 많아졌다". 비우고 기다린, 바로 그 '구멍'에서 여러 가지 빛깔의 자립이 피어났고 "진짜 축제"가 시작됐다. 비움에서 필요 한 건 '제로(0)'에서 시작할 때 찾아오는 불안감을 다스릴 줄 아 는 힘. 다행히도 그들에겐 "한번 해 볼까?"라고 말해 주고 그 실 험의 의미를 조명해 주는 동료들이 있었다. 비워 두고 시작하니 그 전엔 볼 수 없던 청소년들의 모습이 시야에 들어왔다. 비워도 된다는 걸 해 보고 나니 알게 됐다. 재촉하지 않고 기다리고 나 니 비로소 들을 수 있는 이야기들이 있었다.

#4 몫

비움은 '몫'에 대한 고민을 통해 가능해졌다. "이왕이면 청소 년이 하면 더 좋지 않을까." 그들은 청소년을 '위한' 공간에 머무 르지 않고 청소년'의', 청소년'에 의한' 공간이 되려면 어떤 변화가 필요할지 묻고 고민한다. 받아들여 '주는' 게 아니라 '받아들여야 할', 환대해야 할 주인공으로 청소년을 바라본다. 프로그램 구성이나 기관 운영의 중심에 청소년의 몫을 배치하려 한다. 일을 벌이기 전에 청소년이 정말 하기를 원하는지 먼저 묻기도 하고, 적어도 "이 시간과 공간만큼은 나를 위해 존재한다"는 느낌을 주려고 애쓰기도 한다. 청소년이 자유롭게 드나들 수 있는 "문턱 낮은 교무실"을 만들고, 떠남을 재촉하지 않고 원하는 만큼의 머물 권리를 인정한 곳도 있다. 누군가는 일터라면 일하는 사람의 몫을 보장하는 게 기본인 만큼 노동법을 철저히 지켰고, 누군가는 정보와 권한을 나누었으며, 또 누군가는 돈을 어디 썼느냐 '추궁'하지 않으며 현금 지급 사업을 기획했다. 더 해 보고 싶은 청소년을 위해 필요한 '자리'를 만들고, 사람에 따라 규칙을 바꾸는 수고로움을 마다 않는 이들도 있다.

'몫'에 대한 인정과 존중은 청소년의 위치와 삶을 대하는 태도를 이동시킨다. 기관에 대해, 세상에 대해, 자기 자신에 대해 좀 더 "당당해졌다"고 말하는, 남이 아닌 "내가 바라보는 나"를 드러낼 용기가 생겼다고 말하는, "나만의 세계가 생겼다"고 말하는 청소년들이 생겼다. 일방적으로 요구되는 '주인 의식'이 아니라 '주인됨의 정체성'이 청소년들에게 싹텄다. 기관과 청소년의 경계도 점차 희미해졌다. "내 지분"이 차곡차곡 쌓여 가는 동안 어느새 '우리'의 공간이 되는 경험을 한 청소년도 있었다.

#5 곁

 '몫'에 대한 인정은 다양한 얼굴의 '곁'을 만들어 낸다. 그들이 사는 현장에는 '위'나 '앞'에 서려는 사람보다 '곁'에 서려는 사람들이 더 많아 보인다. 청소년들의 곁엔 출결을 관리하는 대신 "안부 전화"를 거는 교사가, 자기 일이 아닌데도 두 팔 걷어붙이고 나서는 '이상한' 활동가가, 지시와 강제 대신 정보와 권한을 분배하는 '직장 상사'가, 누군가에겐 첫 번째 초대를 선물한 멘토가 있다. 덕분에 청소년 중 누군가는 "약을 팔 듯" 기관 홍보 대사를 자처했고, 누군가는 서로에게 "뽕 맞음"을 경험했으며, 누군가는 나이를 떠나 서로 배울 수 있는 "신세계"를 만났다. 또 다른 누군가는 마음이 힘든 시간을 보냈지만 그 역시 인생이라는 것을 처음 경험하기도 했다.

 활동가·실무자들의 곁엔 "빈틈투성이"인 나를 메워 주고 돌발 상황을 함께 겪어 주는 동료들이, 불안을 함께 견뎌 주고 "일할 때 외롭게 만들지 않는" 동료들이, 때로 코너에 몰린 그들을 위해 '조직력'을 과시하는 마을 주민이, "나한테 전화하는 횟수 하나라도 줄여 주는 게 도와주는 거"라며 위치를 조정하는 청소년이, 나에게 건네는 조언처럼 당신도 자신을 잘 돌보면 좋겠다고 조언하는 청소년이 서 있다. 덕분에 누군가는 "타들어 가는지도 모르고" 에너지를 불살랐고, 그 바람에 누군가는 다시 일어설 힘을 챙겼다. 덕분에 다른 배움의 가능성을 발견했고, 자립의 새로운 길을 탐색하게 된 이들도 보인다.

#6 맞장구

'곁' 중의 '곁'은 역시 동료들의 맞장구다. "한번 해 볼까?"를 "한번 해 보자"로 되받아 주고, "이런 거 해 봐도 되나?"에 "뭐든 해도 괜찮다"로 뒷받침하는 동료들이 없었다면, 이들 기관의 오늘은 없었을지 모른다. 그들은 실패하지 않으리라는 확신에 찬 격려보다 실패해도 괜찮다는 맞장구를 애용하는 듯하다. 문제가 생길까 봐 아무것도 시도하지 않는 것보다는 일단 시도해 보고 문제가 생기면 어떻게 할지 머리를 맞대 보자는 감각. 이것은 청소년 자립을 일구는 과정과도 닮아 있다. 혼자서는 어림없었을 일들을 그래서 시도해 볼 수 있었다. '실적' 보고용의 숫자나 몇 문장의 요약으로는 차마 담아낼 수 없는 "시간을 담은 이야기"가 시작될 수 있었다. 시작 단계의 맞장구만 있는 게 아니다. 고치고 엎고 다시 고치는 과정에도, 그 시도가 갖는 의미를 조명하는 과정에도 맞장구가 흐른다. 초기엔 한 사업 단위의 고민과 실천이었는데 기관 전체가 그 의미를 받아들여 변화를 시도하는 맞장구를 경험한 곳도 있다. 그래서 다음을 내딛는 발걸음이 좀 더 가볍고 좀 더 단단해졌다.

처음부터 동료들의 합이 좋아 맞장구가 지천에 널려 있는 '행운'은 없었다. '합'은 갈등과 긴장을 동반하는 시간을 통해 만들어진다. 동료들의 맞장구만으로는 극복하기 힘든 사업 구조나 기관 전체의 비협조 문제도 있다. 어떤 의미에서 현장을 일구는 실무자들에게도 '자립'에 대한 지원이, 기관 전체와 정책의 맞장구가 필요함을 그들의 경험은 말하고 있다.

#7 틈새 - 연결

'청소년 자립'의 개념을 새롭게 만들어 가는 그들의 실험은 안타깝게도 끊임없이 흔들린다. 청소년 한 사람, 한 사람을 주목하며 정성을 다해 지원하지만 비슷한 문제가 다시 반복되거나 악화되면서 실의에 빠지곤 한다. 탈성매매를 했다가 다시 성매매를 시작하는 청소년을 봐야 하고, 또다시 성폭력 피해를 입고 등장하는 청소년을 봐야 한다. 당장의 생계를 위해 교육의 기회를 포기하는 청소년을, 세상이 혐오 발언을 쏟아 낼 때면 "마음이 꺾이고 우울을 호소하는" 청소년을 자꾸만 마주하게 된다. 문제가 반복되니 기관도, 실무자들도 흔들릴 수밖에 없다. 당장 주거나 생계 문제를 해결해야 하는데 마땅히 연계할 곳을 찾지 못해 난처한 적도, 운영비 문제에 허덕이다 필요한 사업을 접거나 포기해야 하는 일도 한두 번이 아니다. 토대가 허약하니 그들의 실천도 비틀거린다. 그래서 누군가는 우리도 청소년들마냥 섬처럼 고립되어 있다는 "멘붕"을 경험했고, 누군가는 정성껏 일군 일터의 문을 잠시 닫거나 닫아야 할 형편에 놓였다. 구조와 세상을 바꾸지 않는 한, 한 거점에서의 실험도 언제나 임시적이고 제한적일 수밖에 없다는 걸 그들은 매일 절감하고 있다.

그러나 그들은 장벽 앞에서 어쩔 수 없다며 주저앉지 않고 틈새를 연다. 당장에 장벽을 뛰어넘을 수는 없다. 그러나 자그마한 틈새들을 연결하다 보면 구멍이 커지고 물꼬가 터지고 결국엔 장벽이 허물어진다. 그래서 어떤 기관은 당장의 생계를 위해 청소년들이 교육을 포기하는 일이 없도록 수업에 참여해도 소득을 지급받을 수 있는 기본소득 실험을 시작했다. 사회에서 함께 살아가는 사회적 약자들과 연결되는 경험을 통해 '내가 힘들 때면 다른 사람들이 지금처럼 소리쳐 주겠구나' 하는 믿음을 키워 가는 곳도 있다. 지역 사회와의 연결을 확장하는 곳들도 눈에 띈다. 누군가는 지역 차원의 성폭력 반대 네트워크 활동에 열심이고, 누군가는 지역 사회와 마을 속에 청소년 자립 지원 사업을 위치시켰다. 사업을 통해 발견한 것들을 사회운동으로 이어 나가 더 큰 목소리로 변화를 외치는 곳도 있다. 그 과정에서 그들은 '다른 세상'을 열어 갈 가능성을 한 움큼 더 챙겼고, 그들이 발 딛고 있는 현장을 이미 '다른 세상'으로 만들기도 했다.

#8 트라이앵글

위기 속에서도 재미를 꽃피우고, 비움을 통해 몫과 곁을 만들고, 맞장구와 틈새들의 연결을 통해 끊임없이 흔들리는 청소년의 삶과 자립 지원 현장을 단단히 붙들어 나가는 곳들. 몽실팀이 제안한 6개의 대안적 자립 개념이 스케치 정도였다면, 이들의 이야기는 그 자립 개념에 입체와 색깔을 더한 세밀화 같다. 유동하는 자립, 조건 없는 자립, 지금 현재의 자립, 지속 가능한 자립, 관계적 자립, 주체적 자립이 이들 기관의 고민과 실천들 속에 이제 막 싹을 틔우거나 이미 여물고 있다. 누군가에게 이들의 이야기는 얼핏 따라 할 엄두가 안 나는, 특별한 사람들의 특별한 실험처럼 보일지도 모르겠다. 그런데 반대로 어쩌면 소소하고 어쩌면 별거 아닌 선택과 시도들이 모이고 모여 결국엔 이들의 이야기가 별스럽게 된 것은 아닐까. 완벽하다기보다 고치고 갈아엎고 허우적대면서 익힌 호흡과 근력으로 조금 별스러운 오늘에 다가온 것은 아닐까.

별거 아닌 것들이 별스럽게 되기까지, 자몽 네트워크 모임과 그 모임을 꾸리고 모니터링을 지원한 몽실팀, 그리고 사업 지원 기관인 함께걷는아이들의 협업도 역할을 했나 보다. 꿈꾸는아이들의학교 교사 문지혜는 '플랜비' 활동의 자신감을 자몽 네트워크 모임에서 얻었다고 말한다. '나도, 꽃'의 연윤실은 자립의 색깔이 여러 가지일 수 있다고 끄덕여 준 사람들, 그걸 지원 사업으로 채택해 준 함께걷는아이들과 몽실팀의 "삼박자"가 맞아서 '나로 프로젝트'가 가능해졌다고 전한다. 늘푸른 자립학교의 교사 김학준이 펼친 '3요소론'도 뭉클하다. 김학준은 우리와의 인터뷰에서 서로가 합이 좋으려면 "싸가지, 언어, 욕구 3가지 요소가 같아야" 하는데, 무릇 좋은 모니터링도 이와 같다고 말했다. 청소년의 삶의 무게와 그들을 만나는 자립 지원 현장이 느끼는 고단함을 함께 느끼는 '싸가지', 현장의 감각에 맞게 착착 달라붙게 표현하는 '언어', 같은 곳을 바라보고 같은 것을 꿈꾸는 '욕구'. 고맙게도 김학준은 몽실팀의 모니터링이 그러했다며 "몽실팀과 3년을 사귄 느낌"이라고 고백해 주었다. 모니터링을 통해 청소년 인권 감수성을 익혀 나가는 과정이 "도전적으로 느껴졌지만 위협으로 느껴지지는 않았다"는 커피동물원 김정미의 이야기 역시 서로에게 배운 시간을 돌이켜보게 만든다. 김학준이 이야기한 '3요소'가 처음부터 같았던 게 아니라 점점 더 닮아가 아름다운 소리가 가능해진 트라이앵글의 시간. 그 시간들 속에서 청소년 자립을 제대로 꿈꾸고 다르게 말할 근거가 조금 더 자랐다.

| 부록 - 2015년~2017년 자몽 참여 기관과 사업 내용 |

2015년

기관명	사업명	사업 내용
일하는학교	학교 밖 청소년의 진로 동기 향상을 위한 돌봄 일 경험 프로젝트	지역 사업체·단체에서의 인턴십, 마을 활동 등
교육공동체 제프	자아 독립 프로젝트	탈가정 청소년의 진로 탐색, 직업 체험 등
성북 청소년자활지원관	저소득 가정 청소년의 자립을 위한 교육 지원 프로그램	저소득 가정 청소년을 위한 인문학 교실과 경제교육 등
늘푸른 자립학교 (마포)	'I' DREAM, '나 들여다보기'를 통한 위기 청소녀의 자립 기반 마련 문화예술 체험 프로그램	10대 청소녀와 함께하는 문화예술 수업, 자서전 수업, '나 박람회' 등
커피동물원	위기 청소년 자립 지원을 위한 직업 훈련 매장 체계 구축을 위한 제언 - 커피동물원 직업 훈련 프로그램 참여자를 중심으로	커피동물원 6년사 연구를 통한 정체성과 방향 모색
광주 보호 관찰소	멘토·멘티와 함께 미래를 향해 꿈을 꾸다	비진학 보호 관찰 청소년과 대학생 멘티 연계. 직업 체험, 심리 역할극 등 프로그램 진행
대자원	보호 아동·청소년을 위한 종합 자립 지원 서비스 '참 좋은 내일을 위해'	시설 거주 청소년 대상 자립 훈련. 보건복지부 '자립 지원 표준화 프로그램'에 따른 생활 기술·진로 탐색 등
움직이는 청소년센터 EXIT + 청소년 자립팸 이상한나라	협력 참여 기관 / 연간 사업 진행	별별프로젝트 등 버스 운영 / '416기억과행동청소년실천단' 운영 / 청소년 자립팸 운영

2016년

기관명	사업명	사업 내용
커피동물원	커동은 출장 중 (일본 커피 탐험 프로젝트)	커피동물원 2호점 개설 준비를 위한 일본 커피 투어
늘푸른 자립학교 (마포)	자몽-T - 스스로 꿈을 이뤄 가는 시간(time) : '나 들여다보기'를 통한 위기 청소녀의 자립 기반 마련 문화예술 체험 프로그램	10대 청소녀와 함께하는 문화예술 수업, 자서전 수업, '나 박람회' 등
꿈꾸는아이들의 학교	감.잡.았.썹.(感. JOB/雜. What's. up.) - 다포시대 모멸감, 만능감, 불능감, 단절감을 잡(JOB,雜)아 가는 청소년에게 안부를 묻다.	학교 밖 청소년과 함께하는 1:1 멘토링, 인문학 수업, 목공 DIY, 자전거 여행 등
경기위기청소년 교육센터	날자! : 날마다 자라는 나무	성매매 경험 청소년 등을 위한 심리 상담과 인턴십
여성인권 동감	위기 청소년 자아 성장 심리 프로그램 '소·나·기(소통·나눔·기쁨) 인권 멘토링 학교'	위기 가정 또는 한부모 가정 청소년과 함께하는 심리 프로그램과 캠프
안산YWCA 여성과성상담소	멘토와 함께하는 성폭력 피해 지적 장애 청소년의 자립 역량 강화 프로그램 '키움학교'	성폭력 피해 또는 노출 위험이 높은 지적 장애 청소년의 자립 역량 강화 수업, 멘토 양성과 안심 동행 멘토링 등
희락원	시설 보호 아동의 자립 역량 강화를 위한 '높이 날자' 프로그램 - N.O.P.I(New Opportunity for the Power of Independence) FLY	아동 양육 시설 거주 청소년 대상 '자기 강화' 프로그램 및 '자립 지원 표준화 프로그램' 진행
움직이는 청소년센터 EXIT + 청소년 자립팸 이상한나라	협력 참여 기관 / 연간 사업 진행	별별프로젝트 등 버스 운영 / '416기억과행동청소년실천단' 운영 / 청소년 자립팸 운영

2017년

기관명	사업명	사업 내용
공릉청소년문화 정보센터, '나도, 꽃'	나로 프로젝트	학교 밖 청소년이 직접 기획한 활동 수행과 현금 지원, 더불어 활동 등
꿈꾸는아이들의 학교	'위기를 넘어 자립하는 삶으로! 삶의 전환을 작당하다 - 후기 청소년의 자립 작당소 플랜비'	만 17~24세 후기 청소년과 함께한 인문학(철학, 심리학 등), 목공 등 기술 수업
늘푸른 자립학교 (마포)	THE 자몽 - 더불어 꿈꾸며 이뤄 가는 자립기(記, 氣) - 재미와 관계로 서로의 자립을 지지하는 문화예술 프로그램	10대 청소녀와 함께하는 문화예술 수업, 당신의 책 수업, 자서전 콘서트 등
안산YWCA 여성과성상담소	멘토와 함께하는 성폭력 피해 지적 장애 청소년의 자립 역량 강화 프로그램 '키움학교'	성폭력 피해 또는 노출 위험이 높은 지적 장애 청소년의 자립 역량 강화 수업, 멘토 양성과 안심 동행 멘토링 등
의왕 장애인 성폭력상담센터	친족 성폭력 피해 청소년 자립을 위한 '힘을 내요. 슈퍼 파워'	쉼터 거주 성폭력 피해 청소년 대상 집단 상담, 유닛 여행 등
청소년성소수자 위기지원센터 띵동	자립을 꿈꾸는 청소년 성소수자들의 '레인보우 내비게이션' 프로젝트	탈가정 상태인 청소년 성소수자의 나 들여다보기, 사람책 인터뷰, 자립 생활 프로그램 등
춘의 종합 사회복지관	빈곤 가정 위기 청소년의 자립 준비를 위한 직업 연계 인턴십 프로그램 '아(我)자(滋)'	빈곤 가정 청소년 대상 진로 지도와 만화 등 직업 연계
움직이는 청소년센터 EXIT + 청소년 자립팸 이상한나라	협력 참여 기관 / 연간 사업 진행	별별프로젝트 등 버스 운영 / '416기억과행동청소년실천단' 운영 / 청소년 자립팸 운영

| 필자 소개 |

고은채 누군가의 '오랜 시간'을 제대로 듣고 기록하는 것은 어려우면서도 마음의 흥분을 불러오는 신비로운 활동입니다. 늘 배우게 됩니다. 《다시 봄이 올 거예요》, 《그래, 엄마야》 등을 함께 썼습니다. '인권교육센터 들' 상임 활동가.

공현 '인권교육센터 들' 활동회원. 청소년인권운동연대 지음(준) 활동가. 청소년운동을 해 오고 있습니다. 격월간 《오늘의 교육》을 만드는 일도 하고 있고요. 《인권, 교문을 넘다》, 《우리는 대학을 거부한다》, 《인물로 만나는 청소년운동사》, 《우리는 현재다》 등을 함께 썼습니다. 4년간 '몽실'팀에서 같이했습니다.

날맹 '몽실'팀에서 활동했습니다. 병역거부를 둘러싼 이야기, 반/군사화와 남성성이 구성되는 방식에 관심이 많습니다. '인권교육센터 들' 상임 활동가.

배경내 인권운동을 하면 할수록 억눌린 이들의 목소리를 '공부해야' 할 이유를 더 절실히 느끼게 됩니다. 특히 청소년들의 이야기, 그들의 곁에 선 이들에게서 많이 배웠습니다. 우리가 꿈꾸는 미래를 나중이 아닌 오늘에 살고 싶어 합니다. 《십 대 밑바닥 노동》, 《다시 봄이 올 거예요》 등을 함께 썼습니다. '인권교육센터 들' 상임 활동가.

한낱 '인권교육센터 들'에서 먹고, 배우고, 자란 지 10년이 다 되어 갑니다. 자몽을 통해 만난 현장들의 이야기에 이끌려 제 삶의 자립을 흠뻑 고민하는 중입니다. 소심하고 겁도 많지만, 나란히 곁에 서는 사람이 되고 싶습니다. 《인권, 교문을 넘다》, 《걸 페미니즘》 등의 책을 함께 썼습니다.

호연 청소년의 삶과 인권에 관심이 있습니다. 참사의 피해자, 10대, 빈곤 현장 기록을 주로 하고 있습니다. 삶이 말을 통해 얘기되지만 말이 삶을 온전히 담지 못함을 느낍니다. 누군가의 말을 듣고 전하는 일은 두렵고 조심스러운 일입니다. 하지만 얘기하고 싶은 사람이 있고 들려져야 할 이야기가 있는 한, 멈출 수 없는 일이기에 이 일을 하고 있습니다.

교육공동체 벗

교육공동체 벗은 협동조합을 모델로 하는 작은 지식공동체입니다.
협동조합은 공통의 목적을 가진 사람들이 모여서 만든
권력과 자본으로부터 독립된 경제조직입니다.
교육공동체 벗의 모든 사업은 조합원들이 내는 출자금과 조합비로 운영됩니다.
수익을 목적으로 하지 않기에 이윤을 좇기보다
조합원들의 삶과 성장에 필요한 일들과
교육운동에 보탬이 될 수 있는 사업들을 먼저 생각합니다.
정론직필의 교육전문지, 시류에 휩쓸리지 않는 정직한 책들,
함께 배우고 나누며 성장하는 배움 공간 등
우리 교육 현실에 필요한 것들을 우리 힘으로 만들고 함께 나누고 있습니다.

조합원 참여 안내

출자금(1구좌 일반 : 2만 원, 터잡기 : 50만 원)을 낸 후 조합비(월 1만 5천 원 이상)를 약정해 주시면 됩니다. 조합원으로 참여하시면 교육공동체 벗에서 내는 격월간 교육전문지 《오늘의 교육》과 조합 회지 〈벗마을 이야기〉를 받아 보실 수 있습니다. 출자금은 종잣돈으로 가입할 때 한 번만 내시면 됩니다. 조합을 탈퇴하거나 조합 해산 시 정관에 따라 반환합니다. 터잡기 조합원은 벗의 터전을 함께 다지는 데 의미와 보람을 두며 권리와 의무에서 일반 조합원과 차이는 없습니다. 아래 홈페이지나 카페에서 조합 가입 신청서를 내려받아 작성하신 후 메일이나 팩스로 보내 주세요.

홈페이지 communebut.com
카페 cafe.daum.net/communebut
이메일 communebut@hanmail.net
전화 02-332-0712
팩스 0505-115-0712

교육공동체 벗을 만드는 사람들

※하파타순

후쿠시마 미노리, 황지영, 황정일, 황정인, 황정원, 황정옥, 황이경, 황윤호성, 황순임, 황봉희, 황기철, 황규선, 황고운, 홍정인, 홍유지, 홍용덕, 홍순성, 홍세화, 홍성은, 홍성구, 홍석근, 홍미영, 혁복실, 현미열, 허효인, 허성균, 허보영, 허기영, 허광영, 함점순, 함영기, 한학범, 한지희, 한지혜, 한정혜, 한은숙, 한영옥, 한영선, 한소영, 한성찬, 한봉순, 한미혁, 한만중, 한영희, 하인호, 하승우, 하승수, 하순배, 하광봉, 탁동철, 최희성, 최현숙, 최현미, 최진규, 최주연, 최정윤, 최정아, 최은희, 최은정, 최은숙a, 최은숙b, 최은미, 최은경, 최윤미, 최원혜, 최영식, 최영락, 최연정, 최애영, 최애리, 최승훈, 최승복, 최슬빈, 최선영a, 최선영b, 최선경, 최봉선, 최보람, 최병우, 최미영, 최미선, 최미나, 최문정, 최류미, 최대현, 최기호, 최광용, 최경미, 최경련, 채효정, 채종민, 채욱, 채옥엽, 차용훈, 차종숙, 차상훈, 진현, 진주형, 진웅용, 진영효, 진영준, 진낭, 지정순, 지수연, 주윤아, 주순영, 주수원, 조희정, 조형식, 조현민, 조향미, 조해수, 조진희, 조지연, 조준혁, 조주원, 조정희, 조응현, 조은정, 조윤성, 조원배, 조용진, 故조영희(명예조합원), 조영현, 조영옥, 조영실, 조영선, 조영란, 조여은, 조여경, 조수진, 조성회, 조성실, 조성대, 조성대b, 조석현, 조석영, 조상희, 조문경, 조두행, 조남규, 조경애, 조경아, 조경삼, 제남모, 정희영, 정희선, 정종윤, 정혜령, 정현진, 정현주, 정현숙, 정혜레나, 정태회, 정준수, 정철성, 정진영a, 정진영b, 정진규, 정종헌, 정종민, 정재학, 정이든, 정은희, 정은주, 정은균, 정유진, 정유숙, 정유섭, 정원석, 정용주, 정예슬, 정영현, 정영수, 정애순, 정수연, 정보라a, 정보라b, 정미숙, 정미숙b, 정명옥, 정명녀, 정남주, 정광호, 정광필, 정광일, 정란모, 정경원, 전혜원a, 전혜원b, 전정희, 전유미, 전보선, 전병기, 전민기, 전미영, 전난희, 장흥월, 장현주, 장진우, 장인하, 장인수, 장은하, 장은미, 장유영, 장원영, 장시준, 장슬기, 장상옥, 장병훈, 장병학, 장근영, 장군, 장경훈, 임혜정, 임향신, 임한철, 임지영, 임중혁, 임종길, 임정은, 임전수, 임신수, 임성준, 임성빈, 임성무, 임선영, 임상진, 임동현, 임덕연, 이희옥, 이희연, 이효진, 이화현, 이호진, 이혜정, 이혜린, 이현, 이혁규, 이향숙, 이한진, 이태영a, 이태영b, 이태구, 이충근, 이초록, 이진희, 이진주, 이진숙, 이지혜a, 이지혜b, 이지현, 이지향, 이지영, 이지연, 이중석, 이준구, 이주희, 이주탁, 이주영, 이종찬, 이종은, 이정희a, 이정희b, 이재형, 이재영, 이재영, 이인사, 이유서, 이은희a, 이은희b, 이은향, 이은진, 이은주, 이은영, 이은숙, 이윤정, 이윤엽, 이윤선, 이윤미, 이윤경, 이유진a, 이유진b, 이월녀, 이원남, 이우진, 이용환, 이용석a, 이용석b, 이용기, 이영화, 이영혜, 이영주, 이영아, 이영상, 이연진, 이연주, 이연숙, 이연수, 이애영, 이승태, 이승연, 이승아, 이슬기a, 이슬기b, 이순임, 이수정a, 이수정b, 이수연, 이수미, 이수경, 이소형, 이성원, 이성숙, 이성수, 이설희, 이선표, 이선영, 이선애, 이선애b, 이선미, 이상훈, 이상화, 이상직, 이상원, 이상미, 이상대, 이병준, 이병곤, 이범희, 이민아, 이미옥, 이미연, 이미숙a, 이미숙b, 이미라, 이문영, 이명훈, 이명형, 이매남, 이동철, 이동준, 이동갑, 이도종, 이덕주, 이남숙, 이난영, 이나경, 이기가, 이근희, 이근철, 이규영, 이균호, 이광연, 이계삼, 이경은, 이경옥, 이경언, 이경아, 이경림, 이건진, 이갑순, 융흥은, 융큰별, 윤지형, 윤종원, 윤우람, 윤영훈, 윤영백, 윤여강, 윤상혁, 윤병일, 윤규식, 유효성, 유재올, 유은아, 유영길, 유성희, 유성상, 위양자, 원지영, 원윤희, 원성제, 우창숙, 우지영, 우윤, 우영재, 우승인, 우수경, 오혜원, 오준연, 오정오, 오은정, 오은경, 오윤진, 오승훈, 오우민, 오세희, 오세란, 오명식, 오명환, 오동석, 영정신, 여희영, 여태진, 엄창호, 엄지석, 엄재홍, 엄영숙, 엄기호, 엄귀영, 양희전, 양해준, 양지선, 양은주, 양은숙, 양영희, 양애정, 양선화, 양선형, 양서영, 양상진, 안효빈, 故안혜영(명예조합원), 안찬원, 안지현, 안지윤, 안지영, 안준철, 안정선, 안용덕, 안호수, 안영신, 안영빈, 안순정, 안경화, 심향일, 심은보, 심승희, 심수환, 심동우, 심경일, 신혜선, 신혜경, 신충일, 신창욱, 신창복, 신중희, 신은정, 신은경, 신유준, 신소희, 신미옥, 신관식, 송화원, 송호영, 송혜란, 송현주, 송진아, 송정은, 송인혜, 송용석, 송승훈, 송명숙, 송근희, 손효만, 손현아, 손진근, 손은경, 손성연, 손민정, 손미숙, 소수영, 성현주, 성현식, 성윤진, 성용혜, 설영판, 설나래, 설은주, 설원민, 선휘성, 선미라, 석옥자, 석연제, 서예원, 서명숙, 서금자, 서강선, 상형규, 복현수, 복춘수, 변현숙, 백현희, 백인식, 백영호, 백승범, 배희철, 배희숙, 배주영, 배정현, 배정원, 배일훈, 배이상헌, 배영진, 배아영, 배성호, 배경내, 방동일, 방경내, 반영진, 박희정, 박희영, 박효성, 박효수, 박현수, 박혜숙, 박형진, 박혁원, 박현수, 박현미, 박현수, 박현진, 박춘애, 박춘배, 박철호, 진환, 박진수, 박진교, 박지희, 박지홍, 박지혜, 박지인, 박지원, 박종하, 박정아, 박정미, 박은하, 박은정, 박은아, 박은경a, 박은경b, 박옥주, 박옥균, 박영실, 박신자, 박승철, 박숙현, 박수진a, 박수진b, 박소현, 박소영, 박세영a, 박세영b, 박성태, 박선혜, 박복선, 박미희, 박명진, 박명옥, 박동혁, 박도성, 박덕수, 박대성, 박노해, 박내현, 박나실, 박고형준, 박계도, 박경화, 박정진, 박경주, 박경정, 박건형, 박건진, 민형기, 민은식, 민애경, 민봉성, 故문홍빈(명예조합원), 문지훈, 문용석, 문영주, 문순옥, 문수현, 문수영, 문수경, 문세이, 문성철, 문봉선, 문미정, 문경희, 모은정, 명수민, 마승희, 류형우, 류창모, 류기남, 류정희, 류재향, 류은주, 류영숙, 류명숙, 도명정, 도탕주, 데와 타카유키, 노영필, 노상경, 노미경, 노경미, 남효숙, 남주형, 남정민, 남윤희, 남수경, 남원호, 남예린, 남미자, 남동현, 남궁역, 날맹, 나규환, 김희정, 김희옥, 김흥규, 김흔태, 김효숙, 김환희, 김홍규, 김혜영, 김혜순, 김혜림, 김형렬, 김현희a, 김현진b, 김현주a, 김현주b, 김현영, 김현실, 김현정, 김원택, 김헌택, 김춘성, 김필심, 김태훈, 김춘선, 김찬영, 김진희, 김진혁, 김진숙, 김진의, 김진, 김지훈, 김지연a, 김지연b, 김지미, 김지광, 김중미, 김준희, 김준연, 김주영, 김주철, 김종원, 김종원, 김종옥, 김종성, 김종만, 김정희, 김정주, 김정식, 김정섭, 김정삼, 김정기, 김재황, 김재민, 김인순, 김이은, 김이민정, 김은희, 김은과, 김은영a, 김은영b, 김유라, 김은식, 김윤경, 김주주a, 김유주c, 김윤정, 김윤주, 김윤우, 김원석, 김우영, 김우, 김용훈, 김용양, 김용섭, 김용만, 김용란, 김요한, 김영희, 김영진a, 김영진b, 김영진c, 김영주a, 김영주b, 김영아, 김영순, 김영삼, 김연정, 김연일, 김연오, 김연미, 김애숙, 김애령, 김시내, 김승규, 김순천, 김수현, 김수진a, 김수진b, 김수정a, 김수정b, 김수정, 김소희, 김소영, 김세호, 김성진, 김설아, 김선미, 김선혜, 김선구, 김선정, 김석준, 김석규, 김상희, 김상정, 김상일, 김상숙, 김복석, 김보현, 김병희, 김병훈, 김병섭, 김병기, 김민희, 김민곤, 김민결, 김미향a, 김미향b, 김미향c, 김미진, 김미숙, 김미선, 김무영, 김묘선, 김명희, 김명섭, 김동현, 김동훈, 김도손, 김도현, 김대성, 김다형, 김다영, 김남철, 김기숙, 김기오, 김기리, 김규한, 김규리, 김광민, 김고종호, 김경호, 김경일, 김경숙a, 김경숙b, 김가연, 기세라, 금현진, 금현숙, 금명순, 권희중, 권혜영, 권태윤, 권자영, 국찬석, 구직숙, 구자혜, 구자숙, 구완희, 구수연, 구본희, 구미숙, 쾡이눈, 광훈, 곽혜영, 곽현주, 곽진경, 곽노현, 공현, 공영아, 고진선, 고은정, 고은미, 고윤정, 고유준, 고영주, 고병헌, 고명연, 고민경, 강현주, 강현정, 강현이, 강한이, 강태식, 강진영, 강준희, 강인성, 강이진, 강은정, 강영일, 강영구, 강열, 강순원, 강수미, 강수돌, 강성규, 강석도, 강서형, 강병용, 강경모

※2020년 3월 5일 기준 852명

* 이 책의 본문은 재생 용지를 사용해서 만들었습니다.
* 생태 보존과 자원 재활용을 위해 표지 코팅을 하지 않았습니다.